宜春学院一流学科旅游管理项目经费资助

节俭式创新

——发展全域旅游的新探索

兰福音　著

中国财经出版传媒集团
中国财政经济出版社

图书在版编目（CIP）数据

节俭式创新：发展全域旅游的新探索 / 兰福音著. --北京：中国财政经济出版社，2020.11
ISBN 978-7-5223-0171-6

Ⅰ.①节⋯　Ⅱ.①兰⋯　Ⅲ.①旅游业发展－研究－中国　Ⅳ.①F592.3

中国版本图书馆 CIP 数据核字（2020）第 228466 号

责任编辑：胡　博　　　　　　责任印制：刘春年
封面设计：孙俪铭　　　　　　责任校对：胡永立

中国财政经济出版社 出版

URL：http://www.cfeph.cn
E-mail：cfeph@cfeph.cn

（版权所有　翻印必究）

社址：北京市海淀区阜成路甲 28 号　邮政编码：100142
营销中心电话：010-88191522
天猫网店：中国财政经济出版社旗舰店
网址：https://zgczjjcbs.tmall.com
北京财经印刷厂印刷　各地新华书店经销
成品尺寸：170mm×240mm　16 开　10.5 印张　179 000 字
2020 年 11 月第 1 版　2020 年 11 月北京第 1 次印刷
定价：58.00 元
ISBN 978-7-5223-0171-6
（图书出现印装问题，本社负责调换，电话：010-88190548）
本社质量投诉电话：010-88190744
打击盗版举报热线：010-88191661　QQ：2242791300

目 录

第一章 绪论 …………………………………（1）
- 第一节 研究背景 …………………………（1）
- 第二节 研究意义 …………………………（6）
- 第三节 研究方法、内容及框架 …………（7）

第二章 理论与文献综述 ……………………（11）
- 第一节 资源基础观 ………………………（11）
- 第二节 资源拼凑理论 ……………………（13）
- 第三节 制度理论 …………………………（17）
- 第四节 动态能力理论 ……………………（21）
- 第五节 商业模式框架 ……………………（23）
- 第六节 金字塔底层（BOP）市场 ………（26）
- 第七节 全域旅游研究状况 ………………（32）
- 第八节 节俭式创新研究 …………………（35）

第三章 研究设计与案例介绍 ………………（41）
- 第一节 研究方法的选择 …………………（41）
- 第二节 研究对象的选择标准与纳入 ……（47）
- 第三节 数据收集与分类 …………………（52）
- 第四节 信度、效度的确保 ………………（54）

第四章　节俭式创新内涵和动因 …………………………………（56）
第一节　节俭式创新内涵 …………………………………………（56）
第二节　节俭式创新动因 …………………………………………（66）
第三节　节俭式创新内涵及动因的讨论 …………………………（81）

第五章　节俭式创新的价值创造 …………………………………（90）
第一节　数据编码与分析 …………………………………………（90）
第二节　节俭式创新的价值创造 …………………………………（92）
第三节　节俭式创新价值创造的讨论 ……………………………（110）

第六章　节俭式创新的过程 ………………………………………（116）
第一节　市场需求的发现阶段 ……………………………………（116）
第二节　现实产品的转化阶段 ……………………………………（119）
第三节　产品的分销阶段 …………………………………………（123）
第四节　创新文化的调节作用 ……………………………………（124）
第五节　节俭式创新过程的讨论 …………………………………（125）

第七章　全域旅游的节俭式创新实践 ……………………………（130）
第一节　武平概况 …………………………………………………（130）
第二节　武平全域旅游节俭式创新实践 …………………………（131）
第三节　武平全域旅游节俭式创新启示 …………………………（137）

参考文献 ……………………………………………………………（143）

第一章 绪论

党的十九大报告明确指出，人们日益增长的美好生活需要和不平衡不充分的发展之间的矛盾是当前我国社会的主要矛盾。社会矛盾的转变导致我国旅游业结构性也随之发生转变。文化和旅游部提出"十三五"期间大力发展"全域旅游"总体战略，旅游目的地作为一个大景区进行统一规划管理，实现通过旅游带动整个社会经济全面协调发展目标。习近平总书记于2016年提出"发展全域旅游，路子正确，要坚持走下去"，全域旅游上升为国家战略。随着全球经济发展滞缓以及公众对整体社会资源过度消耗的逐渐关注，新兴市场催生了一种新的创新模式——节俭式创新。这种通过有限资源即兴创新的模式，越来越受到新兴市场以及发达经济体欢迎。虽然节俭式创新实践已经深入开展，但节俭式创新理论研究却严重滞后，尤其是国内研究比较匮乏。基于此，本书试图通过研究武平全域旅游的节俭式创新实践，以期对全域旅游领域节俭式创新的内涵、动因、内部过程等方面进行深入探索。本章是绪论部分，将论述本书的选题背景及研究意义，介绍本书所采用的研究方法，描述研究的内容和文章的框架安排，同时简要阐述了本书的一些预期创新。

第一节 研究背景

本书主要从现实背景和理论背景两个角度展开论述。

一、现实背景

（一）全域旅游战略地位日益凸显

一方面，旅游业作为现代服务业重要组成部分，逐渐成为区域发展的新引擎。2007年旅游业被定位为"战略性支柱产业",2014年全域旅游发展战略被上升至国家战略高度。自1986年以来,中国旅游业呈井喷增长态势,旅游总收入从1986年的158亿元增长到2017年的5.4万亿元,增长340倍。尤其是自2012年以来,每年保持着近15%的高增长。2018年全年实现旅游总收入5.97万亿元,占GDP总量的11.04%,对GDP的综合贡献为9.94万亿元。在经济环境不容乐观形势下,旅游业长期保持高速稳定发展,表现出强大的发展潜力和韧性。

另一方面,转型升级背景下,全域旅游逐渐成为我国未来旅游发展方向。改革开放以来,我国旅游业飞速发展,如今已成为世界最大的国际旅游消费国和最大的旅游市场。与此同时,高速发展过程中结构性短缺、供需矛盾、环境污染等问题逐渐显现。传统的资源驱动增长方式已不足以支撑旅游业的快速优质发展,未来旅游业转型升级急需创新驱动力量。"十三五"规划以全域旅游为核心,要求将全域发展理念贯穿于产品开发、景区建设、酒店、码头车站等旅游要素供给环节之中,实现旅游与农业现代化、新型工业化、现代服务业的深度融合。全域旅游是"十三五"规划的发展主线,是指导旅游业发展的新理念,更是破解旅游业转型升级困境的必然选择和新模式。

(二) 节俭经济的广泛兴起

近年来,很多发达经济体经济发展缓慢,许多发达国家都已经进入了一个节俭的时代,节俭居住和节俭消费正在成为主流。在过去的10年,包括美国、欧洲、加拿大、日本、澳大利亚等发达国家在内的中产阶级收入停滞,购买能力大幅缩水。受到通货膨胀影响,1967—2013年美国中产阶级实际收入仅仅增长了19%。根据皮尤2014年的研究调查发现,只有大约44%的美国人认为自己是中产阶级,这一比例自2008年以来下降了8个百分点。在欧洲的一些国家,经济衰退持续,不断加深的贫穷政治侵蚀中等收入阶层的购买力。经济发展受阻使得北美和欧洲的很多消费者开始关注金钱的价值,选择更便宜的产品。例如在欧洲,约1/3的消费者,尤其是年轻人更愿意购买低成本汽车。2007—2012年,美国18—34岁年龄段的消费者中购买汽车的比率降低了30%。

受到经济大环境的影响,不仅仅消费者变得更加注重成本,发达国家政府也更加看重国家的"钱袋子"。人口老龄化的日益加剧、不断攀升的医疗成本、养老金负担,2008年以来巨大的债务和财政赤字,这些都促使美国、欧洲以及日本等紧缩银根，开始厉行节俭。但是节俭式创新变革并不只强调节俭，消费者不仅仅关注成本，还注重价值。消费者价值实现转移，更加关注产品质量而不是数量。他们越来越关心社会和谐，担心生态退化和自然资源的枯竭，希望企业能够发挥积极作用，使整个世界变得更美好。消费者寻求更加平衡的生活方式，有助于建立一种新的经济体系——节俭经济。它代表着对20世纪过度消费与浪费的改善，"越大越好"的消费模式将慢慢与"小而美"消费价值观共存。

Radjou & Prabhu（2014）界定了这种新型节俭经济的特征：价值链循环、大规模定制、共享而不购买、更快更好更便宜。首先，节俭经济要求在包括设计、生产、分销等价值链的各个环节通过创新方法持续使用零部件和原材料，减少过程中的浪费，创造所谓的循环经济。其次，注重大规模定制。发达国家市场消费者正迅速成为个性化产品和服务的创意生产者，3D打印技术以及类似于TechShop和FabLab的DIY平台大大降低了产品的生产成本。新时代的规模定制生产更少地依赖资源，提供更多消费者负担得起的、更具有可持续的、更高质量的产品和服务。再次，节俭经济提倡共享，而不是购买。这种来自市场基层以所有权为基础的消费经济向社会共享的转变有力推动了以节俭为基础的对等经济模式的发展。这种对等经济形式包括共享，出租，对等的物物交换、交易。在这种模式下的协同消费者并不追求最流行和最新奇的产品，而喜欢选择那些能够满足基本需求的足够好的解决方案。最后，节俭经济认为，为了生产消费者负担得起的和可持续的产品，公司必须建立一个更快、更好、更便宜的创新体系。这种节俭方式是破坏性的，其破坏强度可以用下面简单的公式来衡量：

$$破坏强度 = \frac{更大的价值（为客户、股东和社会）}{更少的资源（自然资源、资本、时间）}$$

上面公式表明，公司应当努力最大限度地为利益相关者提供价值，同时还要尽可能地减少资源使用。利益相关者包括股东、客户、社会等，而资源包括自然资源、时间、资本等。在节俭经济条件下，节俭式创新的产品和服务强调对价格可负担性、质量、可持续性这三个属性的整合。

（三）新兴市场是一个全球性的发展机遇

近年来，新兴市场的快速发展使其成为全世界经济增长的引擎，新兴市场已经成为一个全球性的发展机遇。其一，一些新兴市场规模庞大且非常具有吸引力，本身就是独立运行的一个实体。例如印度、巴西、印度尼西亚、墨西哥、南非、俄罗斯等，人均收入的不断提高以及庞大的人口基数使这些国家有望成为新兴金市场的潜力。以中国中等收入人群为例，国家发改委主任何立峰在 2018 年 3 月的全国两会记者会上指出，据不完全统计，中国的中等收入人群约有 4 亿多人，而且该数字还在进一步迅速增长。面对如此庞大的人口数量，如果能将商业模式、产品和服务三者进行合理搭配，那么这些市场将实现井喷式增长。其二，诸多本土创新可以嫁接到其他新兴市场，为本土创业者创造更多的全球性机会。例如，中国的小米、Vivo 等在印度纷纷设厂，正试图将国内成功的运营模式植入印度及其他东南亚市场。其三，还有一些来自新兴市场的创新同样可以运用在金字塔顶层的发达国家市场。例如我国的海尔、格兰仕，为发达国家市场开发出迷你冰箱以及节能环保的微波炉。其四，一些新兴市场的成功经营可以直接影响全球性企业的管理实践。例如，孟加拉乡村银行针对当地消费者开展的小额信贷业务，吸引了全球很多国家对整个业务流程的兴趣。现如今包括美国在内的全球市场上约 1.7 万多种小额贷款产品的理念都源自孟加拉乡村银行。

二、理论背景

（一）全域旅游是习近平旅游思想的具体化

改革开放以来，我国经济快速发展，取得了举世瞩目的成绩。发展理念不断深化，党的十八届五中全会提出了"创新、协调、绿色、开放、共享"五大发展理念。全域旅游是习近平旅游思想的实践概括和归纳，高度契合五大发展理念，已上升为我国旅游业发展的总体战略。全域旅游是本土孕育的新的发展理念，是旅游领域的重大理论创新（石培华，2018），是我国旅游业转型升级的重要创新驱动力量。实现区域经济的协调发展是全域旅游的终极目标，充分发挥"旅游+"关联作用，带动相关产业协同融合发展。而全域旅游的发展与绿色具有共生耦合关系，发展全域旅游必须依仗"绿水青山"。因此，习近平提出的"绿水青山就是金山银山"，即"两山"理论构成了习近平旅游思想的精髓，强调绿色发展。全域旅游也强调开放，要求同时关注区域内外、景区内外的发展空间，形成旅游开放发展的大格局。全域旅游的落脚点是共享发展，倡导全民共建共享，服务设施、景区景点建设均需兼顾居民休闲放松和游客旅游的双重需要（赵传松等，2018）。

（二）全域旅游是旅游目的地理论的升级，代表中国旅游的理论贡献

研究对象的不断丰富和完善是旅游目的地理论演化和升级的前提与基础。

改革开放以来，中国已成为全世界最大的国际旅游消费国和世界最大的旅游市场。全域领域是基于中国旅游实践孕育而成的本土化旅游理论，随着理论研究和实践探索的进一步深入，全域旅游的认知框架和理论体系日趋完善，代表着中国旅游对世界旅游的理论贡献。全域旅游是结合我国国情和旅游发展实际形成的理念、模式，对世界旅游业的发展具有一定的示范和引领作用。全域旅游是我国政府强力推动下形成的旅游业发展新路径，揭示了旅游在中国情景下的发展规律和趋势，对世界旅游具有一定的借鉴意义，对其他国家，尤其是发展中国家发展旅游业提供了诸多有益启示（石培华，2018）。

（三）节俭式创新理论研究滞后

随着全球经济发展重心向新兴市场转移，资源和环境问题日益凸显，整个国际社会对低收入人群日益关注，可负担性和可持续性逐渐成为最为关键的创新驱动因素。最早在印度市场兴起的"节俭式创新"运动从根本上颠覆了传统的创新范式，更加迎合了具有环保意识和成本意识的个体消费者，在全球掀起了一种节俭型经济，正在催生一场巨大的商业革命，重塑管理思维。

与之相对应的节俭式创新理论研究相对滞后，还处于探索阶段。已有文献主要研究了节俭式创新的内涵（Ramamurti，2012；Hang et al.，2010；Prahalad & Mashelkar，2010；Bhatti & Ventresca，2013；Kotler & Lee，2011；Bhatti，2012；李昌玉等，2015）、特点（Radjou & Prabhu，2014；Mario & Soumodip，2016；Tiwari & Herstatt，2012；Jarkko et al.，2016；陈劲、王锟，2014；Hossain，2013）、动因（邢小强、葛沪飞，2015；张军等，2017；Tiwari & Herstatt，2012；Radjou et al.，2013；Ouden，2012）、过程（Hamacher，2014；陈劲、王琨，2014；邢小强等，2014；应瑛、刘洋，2015；Hossain，2016）。但已有的研究都还处于探索阶段，而且只是针对某些特殊情境开展了零星的研究，并不系统。首先，节俭式创新的概念及内涵至今尚未统一，亟待更多的学者开展更加深入的相关研究，尤其是要解决如何对概念进行操作化。其次，已有研究只是简单地基于某些现象得出一些节俭式创新的驱动因素，未能采用规范的类似于扎根理论方法从实践数据中进行系统的归纳。最后，已有研究已经开展了一些节俭式创新过程的探索，但并未达成共识。理论界迫切需要更多学者围绕相关问题，进行更有意义的探究，以构建和完善节俭式创新相关理论。本书将探究中国情境下的武平全域旅游的节俭式创新实践，通过扎根理论以及多案例研究方法，以期回答以下五个问题：（1）节俭式创新内涵的探究，试图界定节俭式创新概念的维度以及各自的内涵特征；（2）节俭式创新的动因探究，试图通过扎根理论方法回答企业开展节俭式创新的驱动因素是什么，不同维度的节俭式创新其动因是否相同；(3) 节俭式创新的价值创造探究，试图回答节俭式创新是如何创造价值的；(4) 节俭式创新过程探究，试图基于动态能力视角揭示清楚节俭式创新的内部过程机理；(5) 资源匮乏地区如何通过发展全域旅游脱贫，实现快速发展。

第二节 研究意义

前面一节介绍了本书的现实背景和理论背景。本节进一步简要阐述本书的研究意义，具体包括理论意义和现实意义两个部分。

一、理论意义

本书根据相关理论，采用扎根理论和多案例研究方法研究了武平全域旅游的节俭式创新实践，深入探讨节俭式创新的内涵、动因、价值创造以及过程，提出了对应的理论模型。同时，研究了资源局限地区如何通过发展全域旅游实现快速发展。具体说来，本书的理论意义包含以下几点：首先，本书通过扎根理论研究，界定了节俭式创新的成本导向和资源与环境导向两种维度，分别探讨了各自的内涵特征，实现了对节俭式创新的概念创新。其次，本书通过扎根理论研究方法，系统地探讨了节俭式创新的动因，认为市场、战略、技术、资源局限、环境、企业家担当是企业开展节俭式创新的驱动因素。因此，本书对节俭式创新动因研究进行了一定的扩展和补充。再次，本书运用多案例研究方法，对节俭式创新的价值创造研究进行了探索，认为节俭式创新的价值创造包括概念提炼、价值概括、核心能力培育、实现方式选择四个环节。因此，本书也进一步拓宽了节俭式创新的研究领域。最后，本书基于动态能力理论视角，探索了节俭式创新的过程，提出了基于动态能力视角的节俭式创新过程模型，对节俭式创新的过程研究方面进行了进一步的拓展和补充。

二、实践意义

本书通过扎根理论和多案例研究方法研究中国情境下全域旅游的节俭式创新实践，对于面对资源局限情境下各个地区发展全域旅游实现脱贫，乃至快速发展提供了商业实践的指导意义，尤其是在开展节俭式创新实践方面。具体来说：第一，本书运用扎根理论研究方法探讨了节俭式创新内涵及动因，通过对节俭式创新的维度区分、内涵界定以及动因模型的提出，有助于为企业更好地理解节俭式创新提供理论参考和指导意义。第二，本书通过多案例研究方法，基于商业模式框架视角提出了节俭式创新价值创造模型。该模型为企业开展节俭式创新实务提供了借鉴意义，企业可以结合各个不同环节的具体要求，认真做好各环节的基础性工作。第三，本书基于动态能力的理论视角，提出了节俭式创新的过程模型。该模型也为企业节俭式创新开展的不同阶段提供了具体的有针对性的理论指导性思路。第四，本书总结了武平通过发展全域旅游进行脱贫致富，实现快速发展的经验，从而为其他资源局限地区提供了有益的借鉴。

第三节 研究方法、内容及框架

上一节简要介绍了本书的理论和现实意义，本节将进一步论述本书采取的研究方法、研究内容以及大体研究框架的安排。

一、研究方法

为了能够系统深入地探讨节俭式创新的内涵、动因、价值创造以及创新过程，考虑到节俭式创新的相关研究尚处于探索阶段，鲜有文献和理论研究对其进行系统的探讨，本书综合运用了文献研究、案例企业访谈、实地观察、扎根理论、案例研究等多种研究方法，理论研究和实践调查相结合，进而构建本书对应的理论模型。具体研究方法如下：

第一，文献研究法。为了实现从理论上对本书的研究主题有一个整体性的把握，通过"万方""中国知网""Web of knowledge"等国内外数据库检索出适用于本书研究的相关理论文献。运用文献研究方法对资源基础观、动态能力理论、资源拼凑理论、制度理论等相关研究进行了简要回顾和梳理。通过回顾全域旅游、节俭式创新等相关领域的研究状况，总结出研究不足，进而提出本书的研究框架，为本书研究奠定了对应的理论基础。

第二，扎根理论研究方法。扎根理论是一种基于经验资料建立理论的质性研究方法，主要运用于以下两个领域：一是内涵和外延尚不明确抑或是仍然存在争议的理论概念，这种情况更适合使用质性研究，尤其是扎根理论研究方法。二是因果关系非常复杂。更适合用于建构规模较大（即指涉及概念较多以及变量之间关系较复杂）、形式多样的理论。本书研究的节俭式创新内涵及动因两个问题正好符合第一种情况，因此比较适合扎根理论方法。而在扎根理论的三大流派中，本书选取经典扎根理论流派，主要原因是经典扎根理论方法更接近实证主义，方法上比 Strauss & Corbin（1997）的程序化扎根理论更加科学，从而更有利于进一步提高理论的解释力及信度。

第三，案例研究方法。由于节俭式创新的价值创造和创新过程研究仍处于理论探索阶段，也是回答一个"怎么样（How）"的问题，因此本书运用探索性多案例研究方法，采用理论抽样形式选择了4家案例企业，通过对案例企业和武平地区的实地调研和现场参观以及企业相关二手资料的收集等方式，收集到一手资料和二手资料共计形成约12万字的有效文本资料。借鉴 Yin（2008）提出的探索式案例研究方法编码思路，采用数据编码及归类的方法对经过归纳和整理并经过验证的案例企业文本数据进行开放式编码分析，提炼出新构念，深度剖析节俭式创新的价值创造和创新过程，在此基础上构建出对应的理论模型。

二、研究内容

基于前文所阐述的实践现象和理论研究不足，本书研究的内容主要包括以下几个方面：

首先，本书试图对节俭式创新的内涵和动因展开探索，运用扎根理论研究方法，通过案例企业的深度访谈、实地参观、编码等方式寻找节俭式创新的内涵和动因的相关构念，课题组内成员之间相互讨论、研究小组成员背对背编码等形式不断修正和完善，再与已有的研究文献进行比较和对话，界定了节俭式创新的维度及各自的内涵特征，系统地剖析了企业开展节俭式创新动因，在此基础上构建了节俭式创新的动因模型。

其次，本书试图通过多案例研究方法，探讨节俭式创新的价值创造问题，以期回答"节俭式创新是如何创造出价值的"这一问题。基于商业模式框架视角，从概念、价值、能力、实现方式四个维度进行深入探讨。以理论抽样方式选择了4家在中国市场开展业务的企业作为本书研究的案例样本企业，采用探索式编码思路，对通过半结构化深度访谈、实地参观、官方网站、专业数据库（包括 Web of Knowledge、中国知网、万方）等各种渠道获取的研究素材进行规范编码，以期提出节俭式创新的价值创造模型。

再次，本书也尝试对节俭式创新的过程进行研究，运用多案例研究方法，基于上述同样的案例数据进行分析，从动态能力视角，探究节俭式创新的整个内部过程，提出基于动态能力视角的节俭式创新过程模型。

最后，本书尝试对武平全域旅游的发展经验进行总结，探索资源贫乏型地区如何通过节俭式创新实现快速发展。

三、结构安排

本书的结构安排可分为以下七个部分：

第一章是绪论部分。主要论述本书的选题背景及研究意义，介绍了研究的具体内容，所运用的研究方法以及大致的结构安排，阐述了可能的创新点。

第二章是本书的文献综述部分。系统回顾和梳理了资源基础观、资源拼凑理论、制度理论、动态能力理论等相关理论的研究状况，为本书后续研究作好理论铺垫。在此基础上，回顾了全域旅游、节俭式创新的研究现状，总结了相关的研究不足。

第三章是本书的研究设计与案例介绍部分。基于本书的研究问题，本章详细描述和解释了选用扎根理论方法和案例研究方法的原因，理论抽样的标准。阐述了具体研究数据的收集方法和收集过程，对所收集到的一手资料和二手资料总共约12万字的文本文字材料进行数据处理的过程，以及确保和提高本书研究的信效度策略。最后，对所选案例企业进行了简单的介绍和描述。

第四章研究节俭式创新的内涵和动因。本章主要采用扎根理论研究方法探讨了节俭式创新的内涵及动因，研究界定了节俭式创新的维度以及各自不同的内涵特征，探索了节俭式创新的动因，提出了动因模型，并认为成本导向型节俭式创新和资源与环境导向型节俭式创新的动因各不相同。在此基础上，对节俭式创新的内涵及动因进行了更深入的讨论。

第五章研究节俭式创新的价值创造。本章基于商业模式框架视角，探索了节俭式创新是如何为客户创造价值的。研究认为，节俭式创新的价值创造包含概念的提炼、价值的概括、核心能力的培育、实现方式的选择四个环节，基于此，提出了节俭式创新的价值创造模型。

第六章是研究节俭式创新的过程。本章基于动态能力视角，探究了节俭式创新的具体创新过程，提出了基于动态能力的节俭式创新过程模型。研究认为，节俭式创新过程是一个包含需求发现、现实产品转化、产品分销三个阶段的动态循环系统。每个阶段,企业需要具备不同的核心能力才能确保任务的完成。研究还发现了企业的创新文化在节俭式创新过程的不同阶段之间的正向调节作用。

第七章是武平全域旅游的节俭式创新经验总结。本章全面系统地梳理武平发展全域旅游的历程,归纳和总结资源贫乏的武平在发展全域旅游进程中通过节俭式创新实现快速发展的经验。

第二章 理论与文献综述

第一章是绪论部分，主要介绍了本书的研究背景以及研究意义，在理论缺口的分析基础上提出了本书的研究问题，阐述了本书的研究方法、内容、写作框架。本章将介绍本书写作的基础理论与分析工具，并对相关领域进行文献综述。

第一节 资源基础观

资源基础观（Resource-Based View，RBV）产生于20世纪80年代，Wernerfelt（1984）发表在战略管理期刊（Strategic Management Journal，SMJ）上的《企业的资源基础观》一文标志着资源基础观的诞生。该文首次使用了"资源基础观"的表述，结合Penrose（1959）的观点，认为企业是一个包含各种独特的有形和无形资源的集合体，而不仅仅只包含"产品市场的活动"。用"资源视角"替换"产品视角"，打破了传统的战略思维惯性。这种转变促使企业更多时候是依据企业内部所拥有的资源能力而非外部产业结构来制定企业战略，具有深远的商业实践意义。资源基础观强调，企业拥有的有形和无形资源直接影响其竞争优势，但并非所有的资源都可以转化为企业的竞争优势。在确保资源的异质性和不可流动性的基础上，Barney（1991）认为只有那些具备稀缺性、价值性，竞争对手难以模仿并且不可替代的资源才是企业获得持续竞争优势的源泉。当然，企业也需要采取相匹配的战略才能确保这些资源转化为高效产出（Grant，1991；Alvarez & Busenitz，2001），否则，即使拥有再好的资源也是徒劳。

资源基础观理论如今已经成为管理学领域中引用率最高和最具影响力的理论之一（Kraaijenbrink et al.，2010；Kellermanns et al.，2016）。资源基础观理论被诸多学者运用在不同的研究领域。例如 Mahoney & Pandian（1992）阐述了在战略管理领域如何有效使用资源基础观以提升战略管理绩效，大力鼓励学者们从不同的视角展开对话。Wade & Hulland（2004）认为资源基础观为信息系统研究者们理解信息系统在企业中的作用提供了一个很好的视角，但前提是必须首先探索和界定清楚信息系统资源。他们尤其强调资源互补和调节因素对于研究信息系统资源对绩效影响的重要性。同时指出使用资源基础观进行信息系统领域的实证研究时，需要特别考虑资源的具体性、动态性资源以及结果变量的准确选择三个问题。Dollinger et al.（2009）以北京奥运会为例，从资源基础观视角研究大事件的创业租金与创新的关系，强调大事件的周期性、事件举办地、治理结构、媒体关注度、网络连接以及成员规则等六个因素会影响租金的产生。在此基础上，分析了大事件相关的公共创新、捐赠创新、埋伏创新、民间创新四种创新类型。此外，资源基础观理论还被运用在其他领域，如特拉法加海战（Pringle & Kroll，1997）、组织网络（Lavie，2006）、信息技术商业价值（Wiengarten et al.，2013）、公共组织的战略管理（Karolina，2014）等。

虽然资源基础观理论受到学者们的广泛关注和频繁运用，但是对此理论的批评声音也不绝于耳。有些学者（Makadok，2001a；Foss et al.，2008）委婉地提出需要对资源基础观进行修改完善，有些（Foss & Knudsen，2003；Spender，2006）则直接提出了批评。Kraaijenbrink et al.（2010）结合已有的研究，将学者们对 RBV 的批评归纳为八类：没有管理启示（Priem & Butler，2001）、导致无尽的倒退（Collis，1994；Priem & Butler，2001a）、普适性有限（Connor，2002；Miller，2003；Gibbert，2006a，2006b）、不可能实现持续竞争优势（Fiol，2001：692）、对企业来说还不是一个理论（Foss，1996a，1996b）、资源的四大特征（有价值、稀缺、不可模仿、不可替代）不是解释获取企业持续竞争优势的充分必要条件（Makadok，2001b；Peteraf & Barney，2003）、一种资源的价值太过模糊以至于不能提供真正有用的理论（Lockett et al.，2009；Priem & Butler，2001a，2001b）、资源的定义并不可行（Priem & Butler，2001a）。前面五条批评并不会真正威胁资源基础观的地位，不过后面三条批评对其产生了极其严峻的挑战。

任何事物都具有两面性，资源基础观亦是如此。我们应当客观公正地看待资源基础观，是理论都会有优缺点。就资源基础观而言，Lockett et al.（2009）

建议相关研究者应当更多地关注企业异质性原因的理论问题，更多地聚焦那些被忽视的资源功能的理论问题，整合其他理论一起解释企业战略行为，完善资源基础观实证研究的方法论。

第二节 资源拼凑理论

资源拼凑对中小企业，尤其是新创企业至关重要，学术界也对其展开相关研究。本节将对已有的资源拼凑理论研究进行梳理。

一、资源拼凑理论简介

Lévi-Strauss（1968）在其人类学研究《野性思维》（The Savage Mind）一书中首次提出"拼凑（bricolage）"概念，从思想拼凑视角揭示了如何重新整合原有的神话要素为新的神话，指出人们可以通过物质层面的拼凑实现对现有手头资源的重新整合，从而找到解决问题的办法。受此启发，Baker & Nelson（2005）也将"拼凑"概念第一次引入管理学领域，通过对29家资源局限企业的扎根研究发现，通过对手头现有的社会、物质、制度资源进行重新拼凑及整合，能够实现从无到有的创造性过程。文章首次提出了"资源拼凑（Resource Bricolage）"概念，认为资源拼凑是一种面对资源约束时的行为战略，企业家通过对手头现有资源的有效整合，应对现有挑战或创造新的创业机会。同时指出，资源拼凑理论包含三个核心概念：现有资源（resources at hand）、资源重构（combination of resources for new purposes）以及资源凑合利用（making do）。现有资源是指通过对手头现有资源（包括市场上已存在但被忽视其价值或尚未被发掘的资源）的创新性拼凑实现"从无到有"。资源重构是指通过不同的使用方式来整合资源以实现新目标。新目标意味着需要进行资源的重新整合（方世建和黄明辉，2013），企业家需要以创造性的思维逻辑审视资源与目标之间的关系。资源凑合利用是指以合适为标准，以满意为原则，强调对手头资源的一种即兴而作的（improvising）积极行动（Miner et al.，2001）。

二、资源拼凑理论相关研究

（一）资源拼凑的具体类型

学者们根据不同的标准将资源拼凑划分为不同类型：Baker & Nelson

(2005)依据拼凑范围及频率将资源拼凑分为并行型拼凑(Parallel Bricolage)和选择型拼凑(Selective Bricolage)。并行型拼凑强调利用手头现有资源在多项目中间以相互强化的方式进行整合资源。选择型拼凑主张在多个项目中有选择地放弃，集中优势资源重点发展某个项目，以充分提高资源的利用率和项目的成功率。Baker（2007）根据拼凑动机将资源拼凑划分为构想型拼凑和需求性拼凑。构想型拼凑主张对废弃资源的有效利用，以发挥其最大价值。需求型拼凑强调以需求为导向，通过拼凑形式满足市场资源需求，实现投入资源成本的最小化。Ye et al.（2012）根据拼凑导向将拼凑分为机会导向、资源导向和顾客导向。机会导向型拼凑是发现市场中的机会并想方设法通过资源拼凑方式满足市场中所出现的机会。资源导向型拼凑是企业根据自身手头所掌握的资源，通过拼凑等各种方式进行整合，以提高现有资源的使用效率。顾客导向型拼凑是根据顾客的需求进行资源整合，以挖掘出更多潜在的客户需求。Senyard et al.（2014）根据拼凑对象将资源拼凑分为人力、客户、物质、技能、制度、网络六种形式，分别针对利益相关者、客户、物质资源、员工的技能、企业常规制度、人际合作网络等不同对象，通过创造性的拼凑方式整合成具有高效解决问题特点的可行方案。国内学者张建琦等（2015）则根据拼凑资源的形态将资源拼凑分为创意资源拼凑和物质拼凑。前者是对信息、知识、经验以及技巧等无形资源的一种学习、改造和重组。后者是对有形的物质资源进行学习和改造，使之转化为企业的有价值资源。赵兴庐等（2016）根据拼凑的内容将资源拼凑分为顾客、要素和制度拼凑。顾客拼凑主要是利用手头现有资源满足新兴市场那些小众的或边缘客户需求的过程。要素拼凑是将那些非标准、单一的资源通过高效的拼凑方式整合为企业的生存要素，以缓解资源短缺问题。制度拼凑强调利用现有资源弥补组织在结构、生存和交易等方面的不足，生成新的规范、制度及惯例，进一步提高整体经营效率以及合法性。

（二）资源拼凑的前因变量

现有研究主要从个体层面和组织层面探讨了资源拼凑的前因。个体层面的前因变量主要包含个体特质、决策与行为、能力。个体特质视角，如 Baker et al.（2005）认为创业者对环境及所现有资源的机敏性将会在很大程度上触发创业拼凑。决策与行为视角，如 Julienne et al.（2013）根据启发式来决定拼凑的态度，何时拒绝拼凑，何时采取拼凑。而 Miner et al.（2001）认为即兴发挥能够提高企业的创业拼凑能力。个体能力视角，如 Preeta et al.（2009）指出创业者的协作和创造能力会促进企业的资源拼凑行为。Salunke et al.

(2013)进一步指出创业者的预应性、创新性以及风险承担性都将驱动资源拼凑，以突破企业面临的资源约束发展瓶颈。

组织层面的前因变量主要包含能力、角色和外部环境特征。组织能力角度，Preeta et al.（2009）认为企业的协作和创造能力将促进企业资源的高效拼凑，但同化能力①则对创业拼凑起抑制作用。组织角色角度，Baker & Nelson（2003）指出组织中不同角色背后的资源拼凑动因各不相同。雇主常常是基于自我承诺对有限资源进行整合利用。雇员则基于雇主的要求和许可对手头资源进行有效拼凑，以完成雇主交代的任务。组织外部环境特征角度，Ferneley et al.（2006）基于组织内部视角探讨了组织信任的文化以及组织柔性对资源拼凑的作用机理，认为内部的信任文化将大大鼓励员工对现有资源和技术进行创造性拼凑。Geoffrey et al.（2013）发现了组织声望、环境宽松、资源拼凑三者间的U型关系。当企业的声望很低时，获取资源的成本就较高，企业以较低成本获取资源，创业拼凑的程度就越高；随着企业声望的提高，利益相关者不断提供相应的标准资源，资源拼凑程度开始降低；当企业声望很高时，企业产生大量的冗余或重复资源，为应对动态的环境，内部资源拼凑将大大增加，因此提高了拼凑程度。

（三）资源拼凑的结果变量

已有的针对资源拼凑结果变量的研究主要表现在企业绩效和企业创新两个方面。资源拼凑影响企业绩效方面，Senyard et al.（2009）研究了拼凑、创新强度、新企业绩效三者间的关系，结果表明拼凑显著影响初创企业的绩效，但创新强度的调节效果不明显。李非和祝振铎（2014）指出资源拼凑显著影响新创企业的绩效，而且证明了动态能力的中介作用。祝振铎（2015）证实了创业拼凑对新企业的财务以及成长绩效的显著正向影响作用，创业导向正向调节资源拼凑与新企业财务、成长绩效之间的关系。Oliver et al.（2012）指出创业拼凑提升了产品迭代速度，提高了产品生产效率及销售额。但需要强调的是，资源拼凑得到的结果存在潜在缺陷和不确定性。如果现有资源是不符合行业要求的非标准资源，那么拼凑的结果将有可能不理想。因此，他们认为创业拼凑可能同时具有积极和消极影响。

资源拼凑影响企业创新方面，Halme et al.（2012）揭示了资源拼凑对跨国公司创新绩效产生积极影响。而大部分学者都围绕中小企业展开研究，如

---

① 同化能力是指组织层面的分析、理解和转化外部信息的流程和规则。

Fernely & Bell（2006）发现拼凑能够促进中小企业有效利用信息系统，进行战略制定和开展创新。Salunke et al.（2013）利用澳大利亚和美国的数据验证了资源拼凑对支持型和交互型两类服务的创新，以此获得企业的持续竞争优势。Guo et al.（2016）基于中国企业的数据指出资源拼凑对商业模式创新产生积极影响，并认为资源拼凑在创业导向和商业模式创新之间起中介作用。Ravishankar & Gurca（2016）基于印度情景探讨了拼凑战略对于受资源约束型企业在新兴市场开展业务的重要性，建议以最小的资源投入生产出足够好的、消费者可负担得起的产品。同时也指出，组织层面的拼凑将推动产品创新战略的有效实施。

（四）资源拼凑的调节或交互效应

目前学术界关于资源拼凑的调节或交互效应主要体现在组织结构和氛围、企业的生命周期以及行业属性等方面。组织结构和氛围角度，Ferneley et al.（2006）探讨了拼凑对信息技术运用能力的影响，研究发现当赋予拼凑者更多的自主权，采取信任和宽松的管理氛围时，可以强化资源拼凑对相关技术运用能力的促进作用。Ruef et al.（2003）验证了创业团队人数、团队人员间的紧密度、成员间技能和知识的异质性等因素都正向强化了创业拼凑与新创企业绩效间的关系。企业生命周期角度，Senyard et al.（2009）发现资源拼凑对初创企业[①]和年轻企业[②]产生不同的影响，指出拼凑对初创企业绩效有正向促进作用，但对年轻企业仅仅是一种过渡性手段，只能勉强或不能满足客户的需求，因此资源拼凑对年轻企业的绩效有抑制作用。行业属性角度，Garud et al.（2003）认为拼凑比较适合于市场偏好、制度、竞争能力等多因素作用的快速发展市场，或者产品、制度和部门处于复杂非线性状态的组织。

三、资源拼凑理论已有研究述评

纵观已有的资源拼凑理论相关研究，我们发现，资源拼凑理论被运用在不同领域，其中创业拼凑是一个重要的研究热点。就资源拼凑类型而言，学者们按照不同的标准划分出不同的拼凑类型。但是随着研究情境的不断变化，应当有新的划分依据和新的拼凑类型出现。个体和组织的特质、决策与行为、能力都被学术界证明是资源拼凑的前因变量。组织内外部环境的不确定性以及组织

---

① 初创企业界定为过去 12 个月中有实施过具体的创新行为的企业。
② 年轻企业界定为过去 12 个月中产生过市场交易并且至少有 6 个月处于盈利状态的初创企业。

和个体在决策信息、自身禀赋方面的不足，导致企业进行有限理性决策，通过拼凑获得一个相对满意的结果。因此，建议未来可以从变换资源的能力、价值创造过程、资源边界等不同视角去拓宽资源拼凑的前因变量（于晓宇等，2017）。针对资源拼凑的结果变量主要体现在综合绩效和创新两个方面。但需要明确的是，这种影响都是不确定的，创业拼凑与创新绩效、综合绩效之间的关系绝非是一种线性的因果关系（Julienne et al.，2013）。未来研究需要首先界定清楚现有资源以及绩效的定义，结合具体的研究情境，只有这样才能相对厘清资源拼凑与综合绩效、创新之间的关系。资源拼凑始终强调现有资源在资源局限时的效能，相对于组织内部，宽松、灵活、稳定的内部环境更有利于发挥拼凑的效能；而对于组织外部，复杂的、非线性的、变化的环境更有利于发挥拼凑的效能。

第三节　制度理论

制度理论是管理领域，尤其是战略管理研究领域非常重要的一种理论，本节对学术界围绕制度理论方面展开的研究进行梳理。

一、制度理论概述

制度理论与资源基础观、产业基础观被视为战略管理不可或缺的三大支柱（Meyer & Peng，2005）。如今制度理论已被广泛运用于诸多主流的理论和实证研究中，其对于企业战略管理研究的重要性将不言而喻。Wright et al.（2005）更是将制度理论与资源基础观、委托—代理理论、交易成本理论视为研究组织战略管理相关问题的四种重要理论基础。制度理论特别适用于试图捕捉转型经济中制度环境的本土情境特征，尤其是类似于中国这样的转型经济体，市场发展的基础性制度的欠缺、政府控制经济资源的配置、中国特色的地方市场分割制度，这些因素要求后续研究能够将中国独特的制度环境作为新的研究情景纳入研究范畴（魏江等，2014）。

到目前为止，制度理论研究大致形成了制度同形化、制度经济学、制度社会学、制度逻辑等四大流派（吴小节等，2016）。制度同形化流派始于20世纪80年代，Dimaggio & Powell（1983）基于组织社会学的视角，探讨了组织内制度扩散和变迁的影响机制，他们认为在面临环境不确定性时，组织将以同形化方式赢得制度合法性。该学派的前提假设是，当组织面临制度压力时需要遵守规制合法性、规范合法性和认知合法性。同时认为，组织为获取上述合法性将会采取与组织场域相一致的行动。但由于受到权变理论的影响，早期的组织管理研究大多都是将制度作为环境背景进行处理。制度同形化流派则转变思路，非常强调制度的同形化和扩散机制。但目前学术界对该流派重视不足，只是对其学术思想进行仪式性和象征性的引用。

真正改变将制度作为背景的是制度经济学流派和制度社会学流派，这两个流派将制度作为一个全新的自变量纳入传统的理论框架加以考量，分别从经济学和社会学两个不同的视角拓展和丰富了制度的具体内容。制度经济学流派起步于20世纪90年代，以North为典型代表。North（1990）将制度定义为正式和非正式制度之间的一种博弈规则，认为不同制度安排会表现出不同的效率，企业会选择那些能确保效用最大化的制度。该学派的研究主要聚焦于组织外部制度环境的约束以及经营成本（尤其是代理成本和交易成本）。制度社会学流派起步于20世纪90年代中期，以Scott为典型代表。Scott（1995）强调组织的行动与合法性要求高度一致，在此基础上提出了制度的三系统模型，即制度包括管制、规范、文化认知三个维度。制度三系统模型横跨学科界限，几乎涵盖了人类社会所有的制度要素，使得研究者能够根据体制系统的具体特征洞察制度对于组织和个体的约束，更加有利于对应研究命题或假设的推导，对于战略管理研究具有非常重大的意义（吕源和徐二明，2009）。

制度逻辑流派起步于20世纪80年代后期，以Greenwood et al.（2008）为代表，该理论认为组织之间的资源、能力特征、文化等差异导致制度对不同组织产生不同的影响，而且制度对组织的影响将是多元的、竞争的，甚至还有可能是互相矛盾的。面对多重制度逻辑，组织不能只是简单地被动适应，应当主动采取不同策略应对多重制度逻辑带来的挑战。

二、制度理论研究相关研究

（一）制度视为一种前因变量

学术界诸多学者将制度当作自变量，研究其如何影响企业绩效与相关战略行为。李垣等（2006）基于制度理论和交易成本理论视角，分析了企业战略联盟的控制方式，研究结果进一步证实了制度理论的解释。张玉利、杜国臣（2007）以创业企业为研究对象，从制度理论的视角研究了这类企业的合法性悖论问题。蓝海林等（2010）基于制度理论视角，采用理论演绎法，从规范制度、管制制度、认知制度三个维度构建了市场进入模式影响理论框架。李彬等（2011）以旅游企业为研究对象，基于制度理论视角，探索了制度压力对企业履行社会责任的作用机制。研究发现，中国情境下，政治关联在制度因素影响企业社会责任过程中起部分中介作用，宋渊洋、李元旭（2013）深入分析了制度环境的多样性对外资企业产品市场绩效产生的影响。郭海（2013）探讨了管理者关系跟企业绩效之间的影响机制，研究证实了制度合法性、机会识别、资源组合具有显著的中介作用。

（二）*制度作为调节变量*

也有学者将制度作为调节变量，研究在不同制度情景下企业的战略行为差异。刘衡等（2010）基于制度理论视角，认为我国转型经济时期，外部环境的不确定性会调节组织间沟通对组织创新的影响作用，即环境不确定性越高，组织间沟通越能有助于组织创新。李雪峰、蒋春燕（2011）研究发现，战略性人力资源管理对企业绩效有显著的正向影响，而当地政府支持将显著提升这种正向影响。杨京京等（2012）基于制度理论和实务期权视角认为，民营企业的政治身份大大降低了企业看涨期权的价值，而且这种负面效应在那些市场制度不发达地区表现得更加严重。李继学、高照军（2013）探索了社会网络和制度对信息技术投资与企业的绩效的关系。研究发现，企业对信息技术软件的投资将显著提高企业的绩效，企业的制度环境质量正向调节信息技术硬件投资和信息技术总投资对企业绩效的影响作用。高展军、王龙伟（2013）基于制度理论、联盟公平及契约治理视角，研究发现政府的支持显著正向调节联盟对显性契约的重视程度与企业对分配公平感知的正向关系，政府的支持也会弱化其负向关系。

（三）*制度作为研究背景*

学术界一些学者将制度视为研究情景，试图探讨不同制度背景下企业的战略行为。赵文红、陈丽（2007）结合中国转型制度环境和社会文化特征，采用理论演绎法，构建了与中国创业实践相吻合的创业动机、机会和创业精神三者之间的理论模型。徐二明、张晗（2008）研究处在转型经济背景的中国企业国有股权制度特征，结果表明国有股权占主导的企业更偏好开展内部创新。叶强生、武亚军（2010）研究我国转型时期的不同类型企业，结果显示国有企业更强调奉公守法，私营企业更强调经济效率为上。郭海、薛佳奇（2011）指出高管领导权的变更与企业的创业导向呈倒U型关系。高山行等（2013）

探索了非正式制度和正式制度跟不同所有制企业原始创新的关系。研究结果表明，非正式制度支持国有企业的原始创新但并没有显著的正向影响，与私营企业的原始创新呈倒 U 型关系；而正式制度同时支持国有企业和私营企业的原始创新。

(四) 制度的动态演化过程

还有一些学者基于动态演化视角探索制度的演化过程，通过观察企业在不同时期的制度演化特征，研究其对企业战略行为的影响。如田志龙等（2002）研究了我国电力行业在 1980 年和 2002 年之间国家、省、企业自身三个不同制度参与者情景下的行为演变特征与过程。江诗松等（2011）以吉利集团为研究对象，对处在转型经济制度环境与后发企业能力追赶的共演过程进行了深入细致的探讨。而张红娟、谭劲松（2011）基于协调演进的理论视角，通过对天津自行车产业集群的案例研究，总结出具有理论和实践意义的传统制造业产业集群协同演化机制。武力东、王凯（2014）深入研究了上市公司的独董制度，结果表明设立独立董事制度可以大大提高企业自身适应外部制度和技术环境的能力。

三、制度理论现有研究述评

制度理论作为经济组织管理研究中一种重要的理论基础，相关研究已经日趋成熟，涌现出诸多研究成果，目前制度理论的研究呈现单一走向多元、静态走向动态的发展态势。即便如此，制度理论的研究仍然存在以下几个方面的不足：首先，选题创新不足，只是简单的"跟风"。纵观已有的制度理论研究文献，尤其是国内的一些研究，在选题方面一般都是直接运用某个已有理论或者只是稍微调整，未来研究的选题应当紧密贴近中国转型经济情景，更多地通过扎根于企业实践开展研究。其次，研究内容缺乏新颖，一味追踪热点。应当结合已有理论，大力提倡扎根现实，深入挖掘和研究符合具体研究情景的问题。如中国的企业制度研究，尤其需要考虑到国有企业制度的独特性，与西方的现代企业制度差异明显。特别是目前中国经济转轨时期，制度变迁，对制度理论的研究将大有文章可做。最后，制度因素影响企业战略行为和绩效的内在机制研究欠缺。已有制度理论研究过多聚焦于制度对企业绩效和战略行为的前因方面，未来急需更多地围绕制度如何影响企业战略行为以及绩效的内在机制展开研究。

第四节 动态能力理论

动态能力理论是在 Wernerfelt（1984）的资源基础观以及 Prahalad & Hamel（1990）的核心能力基础上演化发展起来的，自提出以来，受到学术界以及实业界的广泛关注。本节将对已有的动态能力理论研究进行简单的梳理和综述。

一、动态能力的内涵

Teece et al.（1997）基于资源基础观首次提出了动态能力这一概念，具有里程碑意义。随后，学术界进行了许多动态能力概念的相关研究，如 Zahra et al.（2006）指出动态能力是决策者重新配置资源和惯性的能力。Helfat et al.（2007）认为动态能力是一种修改、扩展或创造资源基础的能力。Wang et al.（2007）认为动态能力是企业持续更新、配置、整合和再造资源的能力。

在诸多动态能力内涵研究中，比较流行的当属 Teece et al.（1997）、Eisenhardt & Martin（2000）、Winter（2003）这三种。首先，Teece & Pisano（1994）在工作论文《企业动态能力：导言》中明确指出了"动态能力"这种企业创造和获取价值的全新视角，并指出动态能力是对资源的重构和整合。Teece et al.（1997）在 Teece & Pisano（1994）的基础上进行了完善，认为动态能力是指为快速响应环境的变化而对企业内、外能力进行新建、整合、重构，并且认为，动态能力理论是对企业资源基础观的有益补充。进一步指出，"动态"指的是企业连续地更新和改变基础资源的"动态"，而并非环境的动态。"能力"是指维持或改变竞争优势基础的一种能力，即为快速响应瞬息万变的外部环境而持续获取、整合组织内外部资源的能力。其次，Eisenhardt & Martin（2000）将动态能力界定为一个可以辨认的、具体的组织过程或战略，即企业通过释放、获取、重构以及整合资源的过程以匹配市场变化的过程，也是一种企业获取新的资源配置的组织惯性（或战略惯性）。资源的获取或释放、资源的整合、资源的组织与重构等都是企业动态能力的重要表现形式。最后，Winter（2003）认为动态能力是一种能够修改、拓展以及创造常规能力的高阶能力，以更新、保护甚至创造企业独特的资源，从而影响企业改变常规能力的速度。

二、动态能力的维度

对于动态能力的维度构成，国内外学术界也是百家争鸣，学者们对于动态能力维度的划分与界定分歧明显，至今尚未达成一致意见。国外研究上，动态能力的划分：资源分配、获取、更新能力（Luo，2000），资源的获取或释放、资源的整合、资源的组织与重构能力（Eisenhardt & Martin，2000），吸收能力、适应能力、创新能力（Wang & Ahmed，2007）。Teece（2007）综合自己以及 Eisenhardt & Martin（2000）等观点拓展了动态能力的维度：机会与危险的感知辨认能力、抓住机会能力、资源重置以维持竞争优势能力。

国内学术界也有诸多学者围绕动态能力的维度展开研究，如贺小刚等（2006）认为动态能力的维度包括顾客价值导向、组织机构的支持系统、技术支持系统、制度支持机制、战略隔绝、更新动力。郑刚等（2007）则提出动态能力包括组织过程、组织文化、支持技术、成长路径四个维度。焦豪等（2007）认为动态能力应当由环境洞察能力、技术柔性能力、组织柔性能力、变革更新能力四个维度构成。李大元等（2009）提出了组织意会能力、柔性决策能力以及动态执行能力等动态能力的"三维度论"。黄俊等（2010）认为重构能力、整合能力、组织学习能力构成了动态能力的维度。

三、动态能力与绩效间的关系

动态能力与绩效之间的关系研究主要存在两种观点：一是认为企业动态能力将直接影响企业绩效。如 Zollo & Winter（2002）指出动态能力能够促使企业取得更好的绩效，跟企业生存有着直接的必然联系。Teece（2007）强调构建企业动态能力就是为了解释企业获得长期持续竞争优势的来源。二是认为动态能力跟企业绩效之间并不能明确判定存在直接的影响关系。如 Eisenhardt & Martin（2000）就认为动态能力只是企业获取竞争优势的必要非充分条件。并认为，长期的持续竞争优势是动态能力对企业资源的有效配置，以及比竞争对手更敏捷、更及时地运用这种动态能力，而并非仅仅依赖于动态能力本身。Zott（2003）认为企业的动态能力是通过企业资源或者惯例的修正组合间接影响企业绩效。Zahra et al.（2006）甚至认为动态能力有时也会因为不必要的运用或者错误的运用而降低企业绩效。不过，在动态能力与绩效的关系之间，环境动态性的调节作用比较明显，如 Eisenhardt & Martin（2000）研究发现了环境动态性的倒 U 型调节关系。通过将环境动态性分为中等和高速动态环境两种,认为动态能力在高速动态环境下对企业竞争优势的影响是不可预估的,而在中等动态环境下的影响是稳定的、可估的。

四、动态能力理论现有研究述评

资源基础观理论仅限于解释企业在静态环境下如何凭借异质性资源获取竞争优势,但并不能解释企业在快速变化的动态环境中持续保持这种优势。动态能力理论的提出填补了这一理论空白。Eisenhardt & Martin(2000)进一步认为,动态能力不仅在动态环境中能够发挥积极作用,在静态环境下亦可影响企业的竞争优势。动态能力理论发展至今,相关研究颇多,但争议和分歧仍然存在,内涵的界定尚未达成一致,定义不相同,维度划分还不够统一。因此,未来动态能力理论的研究还有很大的发展空间,亟待在更多的研究情境下检验动态能力在企业发展中的作用机理。

第五节 商业模式框架

众所周知,商业模式不仅对于初创企业的发展壮大,还是对于成熟大型企业的转型升级都扮演着非常重要的作用,因此也备受学术界学者们的关注。商业模式能够反映出企业经营行为的本质特征,人们通过研究商业模式可以比较清楚地认识和理解企业的经营行为。王雪冬、董大海(2013)认为,目前学术界关于商业模式的表述方式有概念化、要素化和模型化三种,即分别用文字界定商业模式概念、列举商业模式构成要素和构建要素之间的逻辑关系或者结构。通过梳理已有文献发现,诸多学者围绕着商业模式的框架展开研究。

Hamel(2000)提出了商业模式的桥接模型(见图2-1),研究认为商业模式是由顾客界面、战略资源、核心战略和价值网络四大元素组成。其中,顾客界面包含执行与支持、信息与洞察、关系动态和价格结构四个子因素;核心战略包含企业的经营使命、产品或市场范围、差异化基础三个子因素;战略资源包含企业的核心能力、战略性资源和核心业务流程三个子因素;价值网络包含企业的供应商、合伙人和联盟三个子因素。而这四大元素又由顾客价值、结构配置以及企业边界三座"桥梁"连接起来。Hamel(2000)进一步强调商业模式各要素之间需要依靠独特性、效率、匹配以及利润推进器四大因素进行支撑,在此基础上,通过顾客价值、结构配置以及企业边界这三座"桥梁"的连接发挥整体效能。

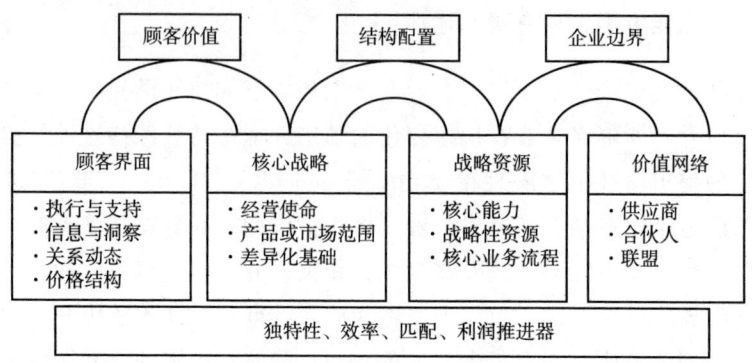

图 2-1 Hamel 商业模式桥接模型

资料来源:Hamel G. Leading the revolution [M]. Boston:Harvard Business School Press,2000.

商业模式包括"设计元素"与"设计主题"两大维度(见图 2-2),其中设计元素包含内容、结构、治理三个子要素。设计主题是价值创造的直接驱动因素,包含效率、互补性、新颖性和锁定四个不同主题。效率主题强调提高效率,控制和降低成本;新颖性主题主张运用新的内容以改善治理或改变运营结构;互补性主题认为要把所有运营活动整合捆绑一起,而不是单独创造价值;锁定主题呼吁能够提高转换成本的新的结构设计。Zott & Amit (2007,2010) 进一步指出,商业模式本质上就是需要超越核心企业,是跨越业务边界的各构成要素间相互并存的一个运营系统。

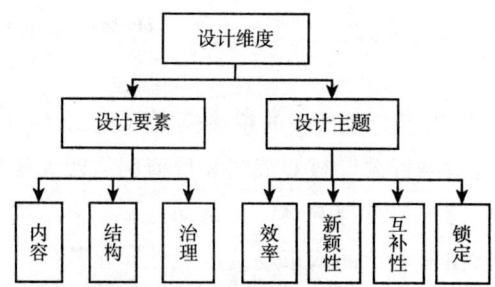

图 2-2 Zott & Amit 商业模式运营系统框架

资料来源:Amit R. & Zott C. Value drivers of e-commerce business models [J]. Hitt M A. et al. Creating value:Winners in the new business environment [C]. Oxford,UK:Blackwell Publishers,2002:15-47.

Magretta（2002）研究指出，评判商业模式的标准是看其是否能够回答彼得·德鲁克所提出的四个问题：顾客是谁？顾客看重的价值是什么？企业怎么盈利？以合适的成本给顾客提供价值的内在逻辑是什么？他认为，健全的商业模式由角色、动机和价值三个要素构成。角色是指企业业务的各个利益相关者，如企业本身、供应商、分销商、顾客等，对这些参与方的角色需要进行准确描述。动机是指各个利益相关者参与业务活动的需求与意图，每个参与方都应当有合理的动机，需要在商业模式中得到体现。价值是指各参与方尤其是顾客的利益与偏好，即要求以合适的成本为顾客提供相关价值，在此基础上使企业能够盈利。Magretta（2002）针对商业模式的描述贴近现实经验，难以上升到理论，其指导意义比较有限。Applegate et al.（1999）基于互联网企业实践提出了商业模式三要素框架，研究认为商业模式由概念、能力、价值三个要素构成。概念是指企业的生意概念，它界定了目标市场机会、战略定位、产品与服务、如何创收现金流。能力是指开展业务时企业在资源、运营模式、核心能力、组织文化、营销模式等各方面的竞争能力。价值是指客户价值、财务绩效、利益相关者回报等。该商业模式模型为企业实践提供了一个很好的理论分析框架，具有很大的现实意义。黄卫伟（2003）在Applegate的商业模式三要素模型基础上，增加了实现方式这一第四个要素。研究认为，要真正认识商业模式的内在机理以及现实意义，必须将实现方式从概念、能力和价值等要素中剥离开来，成为商业模式独立的第四要素，进而提出了加入实现方式的商业模式框架（见图2-3）。实现方式不仅包括产品与服务，更包括了途径、手段、渠道、载体、媒介等。实现方式促使概念、能力和价值三要素互相作用，达到

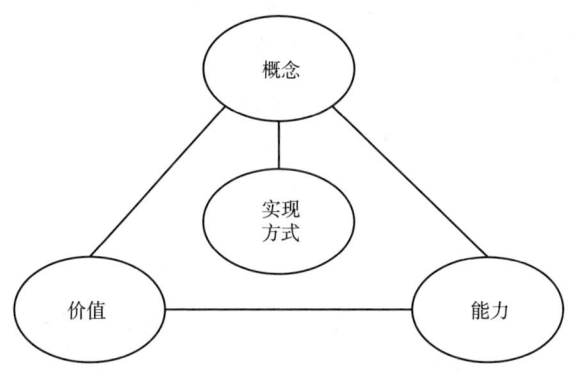

图2-3 加入实现方式的商业模式框架

资料来源：黄卫伟. 生意模式与实现方式［J］. 中国人民大学学报，2003，4（4）：77-84.

良性循环。不仅如此,商业模式也为企业的竞争战略提供了一个比较系统完整的分析框架,要求企业更加注重要素之间的相互联系,而非要素本身。即使业务概念再好,若不能与核心能力和实现方式有效整合,也未必能创造顾客价值;同样,核心能力再强,如果缺乏概念创新,背离了顾客需求,未采取有效的实现方式,也不能创造对应的顾客价值。

综上,不同的学者从不同的角度研究了商业模式各构成要素之间的内在逻辑关系,得出了不同商业模式的分析框架和模型。本书将基于我国学者黄卫伟(2003)的观点,以加入实现方式的商业模式框架为分析工具,结合本书所收集的相关研究数据,从概念、价值、能力、实现方式四个角度切入,分析节俭式创新的价值创造。

第六节 金字塔底层(BOP)市场

随着全球经济发展的重心逐渐向新兴市场转移,金字塔底层市场逐渐受到跨国公司和本土企业的高度重视,学术界对此也展开了一系列研究。本节将对这些相关研究进行进一步梳理。

一、金字塔底层市场概念

企业的营利性活动可以消除贫穷是理解金字塔底层概念的一个关键前提。Prahalad & Hart(1999)首次详细地阐述了金字塔底层市场的概念。他们认为,跨国公司与穷人做生意不仅可以增加利润,还能帮助数十亿人摆脱贫穷。他们极力鼓励跨国公司投身于世界人口的细分市场——经济金字塔的底层消费市场。在此之后,很多学者围绕金字塔底层市场开展了一系列相关研究,而针对金字塔底层定义本身的界定是 BOP 研究的一个重要基础要素。准确理解金字塔底层市场的概念必须首先清晰回答关于"贫穷"的定义和衡量。紧随 Prahalad & Hammond(2002)和 Prahalad & Hart(2002)关于 BOP 的开创性研究之后,大多数研究都清晰定义年人均收入达到或低于 1500 美元或 2000 美元(基于具有国际可比性的"购买力平价")称为贫穷。而其他学者则认为贫穷的分界线是每天收入 1 美元或者 2 美元,这一标准被学术界和业界广泛认同(Banerjee & Duflo, 2007)。

当然,根据上述收入水平来界定世界上包含 40 多亿穷人的 BOP 市场的不完整和不清晰的定义多不胜数。比如农村人口（Zala & Patel，2009）、农村妇女（Schwittay，2009）、贫民窟居民（Whitney & Kelkar，2004），甚至很多只是简单定义为"穷人"（Heeks，2008）。还有些学者认为低收入人群的分界线应该拓宽至可以支付价值 3000 美元的汽车（Van den Waeyenberg & Hens，2008）。这些定义的分歧导致相关研究也分别聚焦于不同的人群和情景，更加大了学术界对 BOP 市场相关研究的批评。尤其是 Karnani（2007）认为大多数文献中讨论的 BOP 活动实际上并没有准确地定位于金字塔底层市场。正是定义的模糊和不准确导致不同的文献研究的是不同的金字塔底层市场类型。

国内许多学者对我国的贫困线开展了相关研究，国家统计局将贫困线界定为人们维持生活条件必须消费的商品和劳务的最低费用。吴碧英（2004）认为贫困线是针对最起码生存条件或相对社会中等生活水平差距所给出的一种定量界定。关于如何测量贫困线，李博（2008）认为应当依据最低营养需求标准和食物比例建立绝对贫困线，结合其他社会指标或主观方法最终确定合理的贫困线。申付亮和朱洪菠（2010）采用购买力平价思想强调应当充分考虑各地区的物价水平测算出各自的贫困线。我国的贫困线随着经济的发展也在不断调整：1985 年的农民人均年纯收入 200 元至 2009 年的 1196 元，再至 2011 年的国家扶贫标准——农民人均年纯收入 2300 元（2010 年不变价）[①]，而按照 2014 年和 2015 年价格分别是 2800 元和 2855 元。

综上可知，学术界对贫困问题的研究百花齐放，但"贫困线"标准不一，导致对 BOP 市场的概念也不尽相同。

二、金字塔底层市场活动的经营主体

正如前文中提到的，已有文献（Prahalad & Lieberthal，1998；Prahalad & Hammond，2002）强调国际跨国公司在金字塔底层市场开展业务可以获得巨大经济回报，同时也能帮助减少社会贫困。然而，现实中跨国公司热情并不高，只有少数，包括 HP、GE、雅芳（Avon）、西麦斯（Cemex）、吉列、飞利浦、海尔、格兰仕等在金字塔底层市场开展相关业务。如 GE（中国）的卫生保健部门为中国偏远农村财政紧张的医院专门研制了一切从简的便携式超声机。1992 年，中国格兰仕企业开发的低成本、节能的小型微波炉，成功实现

---

① 2011 年 11 月 29 日，中央扶贫开发工作会议将农民纯收入 2300 元（2010 年不变价）作为新的国家扶贫标准。

微波炉从原来只有2%家庭购买得起的小众产品转变为超过60%家庭能够拥有的大众市场产品。如今，格兰仕企业也成为世界上最大的微波炉制造商之一（Ge & Ding, 2008; Hart & Christensen, 2002）。

除了大型的跨国公司，很多当地的小公司也纷纷在金字塔底层市场开展相关业务活动。Brinkerhoff（2008）讲述了一家小型互联网公司（Thamel.com）的故事，该公司为尼泊尔移民和他们在尼泊尔当地贫穷的亲戚之间架起了一座沟通的桥梁。Arnould & Mohr（2005）详细描述了尼日尔共和国津德尔地区当地企业开展金字塔底层市场的创新活动。Anderson & Markides（2007）分析了菲律宾一家手机运营商智能交流的金字塔底层战略。

此外，并非所有的主体都是营利性企业，还有一些非营利性机构也积极参与金字塔底层市场的开拓进程。如格莱珉手机（Grameen Phone）（Chesbrourgh et al., 2006; Anderson & Kupp, 2008; Altman et al., 2009）是由一家营利性公司Telenor和非营利的格莱珉电信公司联合创立。同样，旨在为贫困人群提供现代通信技术的喀拉拉阿克沙亚项目是由喀拉拉当地政府所经营（Kuriyan et al., 2008），而非企业。

综上，我们不仅需要对金字塔底层市场进行清晰的定义和细分，还需要对开展底层市场业务各运营主体的不同角色进行更准确的理解。这些主体包含大型和小型跨国公司、大型和小型国内企业、社会创新者、非营利性组织等。通过仔细界定不同运营主体开展金字塔底层市场业务的特点，能更好地帮助理解跨国公司与当地企业开展这类业务时的不同。随着非营性组织的加入，营利和缓解贫困之间呈现出一种更加复杂的关系，这需要学术界进行更深入的探索和研究。

三、金字塔底层市场的商业模式及创新活动

为了最大限度地将盈利和缓解贫困相互结合，需要企业彻底地创新现有商业模式，重新开发新的产品，以适应金字塔底层市场的需求（London & Hart, 2004; Ricart et al., 2004; Simanis & Hart, 2009）。与传统的商业活动不同，金字塔底层市场业务不仅把价值网络中的贫困人群视为消费者，同时还看作是创业者（Karnani, 2009），即贫困人群既是现有产品的接受者，又是BOP市场相关业务的运营者（Simanis & Hart, 2009）。诸多文献认为金字塔底层消费者是一个巨大的潜在市场，他们可以是员工（Whitney & Kelkar, 2004）、合作伙伴（Brinkerhoff, 2008）、创业企业家（Dolan & Scott, 2009）。

Sinkovics et al. (2014) 以 5 个印度的农村企业为案例探索了社会价值创造与商业模式的形成和动态性之间的密切关系。他们认为社会使命并不是企业在金字塔底层市场创造社会价值必备的先决条件。但不可否认社会使命的确巩固了金字塔底层市场的商业模式，这种社会使命会促使企业努力克服当地经营不足的限制，从而创造出更多的社会价值。为了使企业在金字塔底层市场能发挥更加积极的社会影响力，商业模式必须在日常饮食、自尊、自由选择等更广泛的范围内与当地市场的经济发展需求保持密切联系。DeLeone & Taj（2015）分享了一个针对金字塔底层市场业务的商业模式创新实例，通过该模式提供给消费者可以支付得起的服装产品。同时详细介绍了该模式，包括产品本身、产品的营销和渠道战略等是如何成功的。

国内学术界邢小强、仝允桓、赵晶等学者先后围绕低收入群体（BOP）市场开展了相关研究。其中围绕 BOP 市场的商业模式及商业模式创新是研究的一个热点。如邢小强等（2011）针对 6 家在农村市场运营的中国本土企业的探索性案例，研究了金字塔底层市场企业商业模式的主要特征及构成维度。他们认为模式的建立应当依赖于其自身自有资源的能力，而价值主张主要包括能力、经济、关系价值三类。同时指出企业应当凸显学习、连接、利用这三类关键活动和建立跨部门价值网络的必要性。而赵晶等（2007）从战略目标的视角，针对企业面向低收入群体的商业模式创新进行研究。他们将企业的 BOP 战略界定成资源开发型、市场开发型、资源—市场开发型三种，构建了企业关键能力与 BOP 战略的匹配模型，进而建立了企业能力、竞争战略与面向 BOP 市场的商业模式创新之间的逻辑关系。在此基础上，赵晶（2010）从社会资本视角，进一步指出企业网络所形成的社会资本透过 BOP 群体的开发方式、开发效率、企业内外部边界调节，直接决定着资源开发型商业模式创新的路径，并阐释了其中的作用机理。

还有一些国内学者围绕着面向 BOP 市场的创新展开研究，如邢小强等（2010）从市场、制度、价值链、组织和文化五个角度详细阐述了企业面向低收入群体市场的创新因素及创新类型，为企业在 BOP 市场的创新实践提供了参考。周江华等（2010）探讨了企业面向 BOP 市场的创新模式。文中提出了包括将低收入群体视为生产者和资源的提供者、潜在的消费者两种情况的创新模型，同时进一步研究了企业与低收入群体、政府之间的良性互动机制。仝允桓等（2011）在生命周期视角下采用多案例研究方法探索了金字塔底层的创新策略，他们认为企业在不同的生命周期发展阶段关注的商业重点不同，因此需要采用不同的创新策略与之相匹配。在此基础上，邢小强等（2014）认为企业在 BOP 市场商业创新时建立一个包括政府部门、社区组织、非营利性机构、底层消费者等的跨部门合作网络，将是实现价值创造与分享的关键性组织形式。也只有这种形式才能克服 BOP 市场存在的制度空洞和价值链缺失等障碍，进而通过促进市场连接和提升本地能力创造共享价值（邢小强等，2014）。此外，全允桓和陈晓鹏（2010）针对企业面向 BOP 市场的可持续创新开展研究，尝试性地提出了企业面向 BOP 市场进行可持续创新的分析框架，认为面对低收入群体的可持续创新主要体现在企业应对宏观发展模式在价值链、技术和行为规范三个层面所采取的竞争策略的变化，如改变企业的价值观和战略工作，进一步提升低收入群体社会网络的嵌入型和包容性，通过破坏性创新推动可持续技术的广泛运用。

综上所述，我们需要对面向金字塔底层市场的商业模式进行更深入的分析，以便适用在不同的情景中（包括不同的国家和行业），同时也需要对存在于传统市场和金字塔底层市场之间的连续体进行更清晰、更准确的理解。

四、金字塔底层市场开展业务的影响

面对金字塔底层市场开展业务活动产生的影响衡量问题引起了研究 BOP 市场的学者们激烈的讨论（London，2009），结合目前已有的研究发现主要表现在经济、社会、环境三个方面的影响。首先从经济方面，主张使用利润或其他代理变量来衡量绩效，诸如价格、成本、收益、股息、市场渗透、顾客数量、市场资本总值等。学者们均认为在金字塔底层市场开展业务将给企业带来经济上的回报（Hart，2005；Akula，2008；Lakshman，2009）。任何企业都渴望能有更多经济方面的回报，因为可观的经济利润回报（或根本没有利润）将直接反映企业在金字塔底层市场开展业务时哪一种商业模式更能盈利。不仅能更好地理解企业开展金字塔底层业务所获的利润与缓解贫困之间的关系，而且还可以加深对不同类型的组织开展此类相关业务所产生的积极影响的理解。

其次，在社会影响方面，开展金字塔底层业务将对当地的人民产生积极的影响。包括教育、医疗护理、饮用水质量、就业以及一些比较难界定的授权、生活质量、减少开发等。已有研究都主张面对金字塔底层消费者市场开展业务将产生积极的社会影响，但目前少有研究给出了比较客观的评估方法，而且当前大多数针对金字塔底层消费者的商业模式都是视其为消费者。Subrahmanyan & Gomez – Arias（2008）提出开展 BOP 业务将会从以下几个方面产生社会影响：(1) 基本需求（食物、能源、住房、饮用水/卫生）；(2) 基础设施（交通、健康、财政服务）；(3) 基础教育，技术培训及知识获取；(4) 信息与通信；(5) 非必需品购买；(6) 一些劳动力、技术、工艺品的交易场所。尤其是最后一条，是指市场准入，可以通过电子渠道或传统市场方式（Vachani & Smith, 2008），这对解决当地就业、缓解贫穷非常重要。

最后，环境影响，这方面受学术界关注最少。因此，本书也呼吁学术界要更多地关注开展 BOP 市场业务给当地带来环境影响的可持续性。有研究提出在发达市场的行为是否可以在 BOP 市场上进行复制，通过整合当地贫困消费者与全球市场来提高消费和生产水平。但是 Hart & Christensen（2002）明确否定其可行性，认为只有通过商业模式创新才能使用当地的 BOP 市场。Hart & Milstein（2003）提出可持续价值框架，讨论了企业实施 BOP 战略时的清洁技术、污染保护和产品管理，但并未深入讨论彼此间的结构关系。也有学者认为贫穷也会对环境有负面影响，在人们为了生存而奋斗的过程中也会导致环境的恶化，这也进一步表明改善 BOP 市场贫穷消费者的处境会更有利于改善环境（Hahn, 2009）。

总之，目前关于开展 BOP 业务产生的经济、社会、环境影响的实证研究比较有限，因此对开展 BOP 业务产生的影响进行评估将更加困难，需要学术界继续深入探索研究。不仅如此，在当地开展 BOP 业务的企业不应该仅仅追求企业利润最大化，应当以一种更加负责任的态度寻求经济、社会、环境三者之间的一种平衡。

五、BOP 现有研究述评

现有的 BOP 相关研究主要围绕 BOP 定义、开展 BOP 业务的主体、商业模式以及产生的相关影响四个方面展开。总体而言，现有文献相对较少，研究范围比较窄，研究不够深入。BOP 定义方面，研究者从自身研究情景出发给出了不同标准的定义，正是由于概念没有统一，所以不同的学者研究的是不同金字塔底层消费群体。本书研究认为研究者需要在各自的研究中非常准确地界定金字塔底层人口的类型，如贫穷水平（如极度贫穷、适度贫穷、相对贫穷）、定位在城市人口还是农村人口、距离主流市场的偏远程度（Rivera–Santos, Rufín & Kolk, 2012）等。开展 BOP 业务的主体方面，已有研究已经认识到主体的多元化，但尚未对各主体开展 BOP 业务进行比较分析，尤其是跨国公司与当地企业在开展 BOP 业务时的异同，同时一些非营利性机构的参与又增添了不同的情境，只有清楚分析不同主体开展 BOP 业务的具体特征，才能更好地帮助理解营利与消除贫穷乃至环境之间的关系。在开展 BOP 业务的创新及商业模式方面，已有研究较多地视金字塔底层贫困人群为消费者，而且也没有注意到创新活动和商业模式的动态性。今后的研究应当视 BOP 贫困人群同时为消费者和创业者，更多地考虑不同市场情境的具体特点，从不同理论视角深入探讨一些更具有普适性的商业模式。在开展 BOP 业务产生的影响研究方面，已有研究不足，尤其是对环境方面涉及更少，而且对在经济、社会、环境方面的影响评估方法还需更加深入探讨。但对于开展 BOP 业务的企业而言，更为重要的是要思考如何才能寻求经济、社会、环境三种影响的相互平衡。

第七节 全域旅游研究状况

"全域旅游"已成为旅游领域的研究热点，国内外学者们基于不同理论视角，围绕着全域旅游的概念与内涵、影响与效应、与区域可持续发展之间的关系、发展对策与模式等方面开展了丰富的研究。

一、全域旅游的概念与内涵

（一）全域旅游概念

现代旅游业起源于欧美发达国家，全域旅游是我国旅游业发展实践过程中孕育的本土概念。西班牙全域旅游性质的旅游产品开发模式、法国乡村旅游一体化的全域旅游特征……国外旅游的全域特点为国内发展全域旅游奠定了坚实的基础。1999 年桂林市政府"两江四湖"山水城市规划最早开始了全域旅游的实践探索（张艳菊，2018）。王德刚（2003）提出了日喀则"五化"旅游发展模式，即全域化、网络化、生态化、差异化、小型化。自此，各地陆续开始发展全域旅游的实践探索。2008 年绍兴市实施"全域旅游"发展战略（艾奇，2009），2009 年昆山市提出了"全域旅游全景昆山"概念（汤少忠，2015），2010 年大连市沿海经济圈旅游产业规划中首次提出全域旅游发展战略（胡晓苒等，2010）。

随着全域旅游实践和研究的不断深入，厉新建（2013）正式提出"全域旅游"的学术概念，认为"全域旅游"是指各行业相互融合，各部门齐抓共管、全民共同参与，整合目的地要素资源，为游客提供给全时空、全过程的体验产品。吕俊芳（2013）认为全民休闲、非农人口比重、旅游资源全优化是发展全域旅游的三个关键条件。周家俊（2015）强调全域旅游是一种以旅游业为主线和先导，统筹城乡经济和产业联动的发展模式。国家旅游管理部门于2015年8月首次提出全域旅游发展战略，从区域限制、真实定位、参与主体、实现目标等多方面明确了全域旅游的基本概念（李金早，2016）。此定义被业界和学术界广泛认同和采用。

（二）全域旅游的内涵

学者们主要围绕"全"和"域"解析全域旅游的内涵。厉新建（2013）提出全域旅游的五个全面，即全面覆盖旅游目的地各要素、全方位满足游客需求、全社会参与服务与经营、全部门开展建设与管理、游客与居民全交融。魏小安（2015）强调全域旅游是一个大小交通全面畅通、文化主体全面渗透、景区内外全面风景、品质品位全面提升、各行各业全面融合、劳动全员参与的综合旅游目的地。周家俊（2015）认为"全"是指全域资源、全面布局、全民参与、全境打造、城乡统筹、全域保护、多点支持、可持续发展。蒙欣欣（2016）认为全域旅游即为"全景""全时""全业""全民"。杨甜等（2016）认为全域旅游强调"全地域""全要素""全服务""全领域"。

"域"是全域旅游建设的地理对象，全域旅游核心内涵即在于"域"的旅游完备，即强调领域目的地不同旅游功能区的集成（张辉，2016）。皮常玲等（2018）认为全域旅游更强调"域"的全面性，其实质是旅游发展域面的变革。此外，部分学者从其他不同视角对全域旅游内涵进行解读，如城乡统筹视角（吕俊芳等，2014）、砖石理论和空间经济学理论视角（杨振之，2016）、国家发展战略视角（石培华，2016）、创新视角（焦彦等，2016）等。

二、全域旅游的影响与效应

学术界主要围绕产业融合、区域发展、产业发展等方面对全域旅游的影响效应展开研究。产业融合方面，首先是工业旅游，全域旅游理念契合工业旅游发展，大力促进工业旅游全域化发展（苑剑英，2016；陶庆华，2017；哈静，2017；巴永青，2017）。李晓南（2016）研究了全域旅游背景下沈阳市工业旅游的针对性发展对策。梦令国（2018）系统梳理了全域旅游视角下发展工业旅游仍需要进一步解决的问题。其次，与农业的深度融合。唐烨（2017）基于全域旅游视角，围绕区域特征、旅游增长极、乡村配套和产业融合方面构建了乡村旅游业的发展模型。孟秋莉（2016）基于全域视角的乡村旅游产品观，构建了"六全""六业"的乡村旅游产品体系。刘栋子（2017）构建了全域乡村旅游综合评价指标体系，认为管理能力和开发能力是影响乡村旅游可持续发展的主要方面。

区域发展方面，全域旅游是促进区域发展的重要力量（赵传松，2018），发展全域旅游能够推动资源共建贡献、产业转型升级、综合治理创新，促进区域绿色发展（李柏文，2018；丰晓旭，2018）。因此，通过发展全域旅游，基于全新旅游资源开发观，转变"旅游+"的融合模式，有助于推动新旧动能的快速转换，形成产业和区域发展的新引擎（石培华，2017），促进整个区域全面均衡发展（胡海燕，2017）。

产业发展方面，全域旅游能够带动县域周边相关产业发展，推进文化生态旅游发展，增加社会效益（刘玉春，2015；喇明英，2017），还能够促进旅游公共服务体系建设（尹立军，2016），通过完善全域发展环境、提升服务质量水平、形成多中心治理模式等，构建立体式旅游公共服务体系（郑治伟，2017）。

三、全域旅游与区域可持续发展

全域旅游视角下旅游可持续发展是全域旅游研究的重要组成部分。刘焕庆等（2017）研究了延边州乡村旅游可持续发展的对策与建议。廖碧芯（2017）、冯朝圣（2017）等基于全域旅游视角，探索了博罗县乡村旅游可持续发展的有效路径。产业融合可持续发展是乡村旅游的关键，需要转变发展观念，科学规划旅游产品体系，促进乡村旅游可持续发展（李艳，2017）。此外，加强旅游配套设施和软环境建设，培养旅游新业态，促进旅游可持续发展（朱东国，2018）。努力打造全域旅游示范区，提高旅游扶贫范围和精度，促进旅游扶贫可持续发展（李红英，2017）。

四、发展全域旅游的对策建议

学术界从不同角度研究和探讨了全域旅游的发展对策与建议。刘玉春（2015）认为应从产业集群、资源整合和慢城生活入手发展安徽旌德县的全域旅游。刘呈艳（2016）认为西藏拉萨市应从新业态发展、无景点旅游和目的地营销三个方面着手发展全域旅游。杨甜（2016）强调许昌市应实施以景区点轴联动、产业集群发展、景区协同开发、文化全域渗透、公共服务强化和便捷体验环境等为主的全域旅游发展策略。王磊等（2016）从管理、产业、资源、运作、文化、空间、人才等七个方面提出宁夏全域旅游示范区建设的发展路径。曾博伟（2017）主张通过供给侧结构改革推动全域旅游发展。旅游综合协调体制机制的建立和运行是发展全域旅游的关键，应当通过调动主体作用、明确主体责任、加强精细化设计等机制改革手段，推进全域旅游快速发展（马海鹰，2016）。

五、国内外简评

基于全域旅游发展动态及研究现状，全域旅游的概念、内涵、影响与效用、发展路径与对策是其主要研究内容。总结已有的国内外研究文献，呈现以下特征：（1）全域旅游的概念日趋成熟，理论体系亟待进一步完善；（2）全域旅游的内涵与外延不断拓展，研究领域仍需持续跟踪；（3）全域旅游的影响及效应越来越大，但准确度量有待进一步提高；（4）全域旅游可持续发展研究取得突破，但成果仍然较少；（5）全域旅游的对策与模式研究成果颇多，但过于宽泛且针对性不强。

第八节 节俭式创新研究

节俭式创新现象已引起学术界和实业界的广泛关注，但学术界对节俭式创新的相关研究还处于起步阶段，概念界定比较模糊，尚未统一。本节将对学术界围绕节俭式创新内涵和特点展开的相关研究进行梳理。

一、节俭式创新的内涵

从字面上理解，节俭是指简单、朴素且成本低。一些学者认为，节俭式创新就是低成本产品（Ramamurti，2012）、足够好的产品（Hang, Chen & Subramian，2010）。这些观点较为片面，尚不能概况出节俭式创新的本质内涵。因此，很多学者从不同的研究角度解释了节俭式创新的内涵。Prahalad & Mashelkar（2010）基于资源使用视角，认为节俭式创新是一种现象，重点强调用更少的资源（成本）为更多的消费者提供更多更好的产品或服务。Bhatti & Ventresca（2013）视节俭式创新为一种手段和目的，分别阐述了"节俭"和"创新"的含义，构建了节俭式创新较为完整的概念框架。Tiwari & Herstatt

(2012a)认为节俭式创新是在整个价值链中通过使用最少的材料和财务资源给消费者提供高质量标准的产品和服务,不仅降低产品价格,而且降低客户对产品的总体拥有成本。因此,高性价比是准确理解和把握节俭式创新的核心关键因素。Kotler & Lee（2011）基于社会责任视角,认为企业应当追求利益相关者导向,创造更多的包容性价值。这种新型的企业社会责任模式要求企业开展节俭式创新时必须做到包括原材料、成本、环境的影响三个方面的节省。Bhatti（2012）从运营角度,认为节俭式创新是通过重新定义商业模式、重新构造价值链条和重新设计产品等不同方式使用资源,以可伸缩且可持续的方式,以更低的成本服务使用者,从而开拓更多的市场。Economist（2010）从商业模式角度出发,认为节俭式创新不仅仅只是重新设计产品,还包括重新思考整个生产过程及商业模式。Radjou & Prabhu（2013）认为节俭式创新是一种既能创造更多商业和社会价值,又能有效减少资源消耗,解决"少花钱多办事"悖论的全新商业范式,更是一种能够减少环境破坏的独特有效的商业范式（Leadbeater, 2014）。

就目前的研究文献看来,学术界尚未得出统一的节俭式创新概念,不同的学者根据自身的研究情境及研究目的提出了不同的概念表述。本书借鉴李昌玉等（2015）的观点,从商业模式视角将节俭式创新界定为一种减少产品复杂性及消费者总体拥有成本的全新商业范式,通过重塑价值链方式,去除产品的非实质性特征,同时降低消费者总体拥有成本,为更广大的消费群体提供支付得起的产品,从而实现企业价值的持续提升。我们认为,节俭式创新真正的内涵应包括以下三点：首先节俭式创新的研究对象针对新兴市场尤其是"金字塔底层（bottom of the pyramid, BOP）",因此节俭式创新活动均需要充分考虑到该市场消费者的具体情况（如低收入、低购买力）和不同需求。其次是成本概念,不仅仅是产品价格,更应该强调消费者对产品的总体拥有成本。要从整条价值链（包括发展、制造、分销、消费以及处理等）综合考虑成本概念。强调产品的性价比概念,需要从根本上理解产品价格和性能之间的关系,需要清醒地认识到重要的不只是降低产品价格,关键是要改变产品的价格—性能体系。最后是质量概念,是指消费者可接受的质量标准,最起码是应该足够好（good enough）的产品。这种产品不是仅仅把高端产品进行简单的简化或去除功能,而是针对新兴市场消费者进行专门的创新（Economist, 2010）。

二、节俭式创新特点

(一) 创新过程的节俭性和可持续性

作为一种创新思维,节俭式创新的首要特点是强调节俭性,始终把消费者的可接受性(Acceptability)与可负担性(Affordability)作为思考问题的核心所在,在创新过程中强调根据消费者市场需求开发合适的产品与服务,以满足目标市场最基本的需求。不崇尚使用专有技术或增加复杂功能来获得创新溢价,也不刻意追求技术的重大突破。奉行运用更少的资源为更多的人提供支付得起的产品和服务,在此基础上获得更多自身收益。这种节俭理念贯穿于企业的整个创新过程,非常有利于推动建设一种节约型社会(Rao,2013)。

Radjou & Prabhu(2015)提出节俭式创新,通过对产品的重新设计而降低成本,减少过程中的资源浪费,促进整个社会的可持续发展。在此基础上,学者们强调,开展节俭式创新非常有利于企业的可持续发展。Mario & Soumodip(2016)通过研究草根创业者的节俭式创新,对可持续发展进行了新的探索。Jarkko et al.(2016)探索了水和能源领域的节俭式创新对可持续发展新的启示。

(二) 创新方式的开放性和多样性

节俭式创新面对的是那些新兴市场消费者,这类市场消费者有限的购买能力要求企业从产品设计、组织与制度、商业模式等各个不同角度进行彻底的颠覆式创新(Tiwari & Herstatt,2012b),以降低生产成本。因此,企业需要以一种更加开放的姿态,基于本土的发展模式特点,采用更加多元化的创新方式,为新兴市场消费者提供负担得起的(affordable)、足够好的(good enough)产品。这些多样化的创新方式有:产品和服务设计时强调基本功能,精简服务流程,剔除中间环节及一些不必要的烦琐装饰;商业模式上更多强调围绕对利益相关者的结构优化及资源整合而展开创新;组织创新上强调通过建立跨部门小组团队,挖掘组织新的能力,探索组织冗余知识的新用途;制度创新方面,注重充分考虑当地社会网络的嵌入性带来的组织发展机遇,建立适应当地市场情境的发展制度。

(三) 创新结果的包容性

节俭式创新的结果呈现更大的包容性,主要表现在:一方面,节俭式创新提高了低收入消费群体的生产效率和生活水平,拓宽了社会网络,提升了生活自信，从而有利于社会民主和公平的实现（陈劲、王锟，2014）。通过连接尚不成熟的低收入市场与成熟的现代化市场，使低收入消费群体能够更大程度地参与价值创造和价值分享。另一方面，通过逆向创新，为新兴市场研发的节俭式创新成果（产品或服务）有很大潜力扩散到成熟的发达市场（Hossain，2013）。

三、节俭式创新动因

针对节俭式创新的动因，学术界开展了相关的研究。邢小强、葛沪飞（2015）认为创新模式的形成都是深受所处社会、经济发展阶段、环境特质的影响，同时概况了节俭式创新的三种驱动力量——市场驱动、环境驱动、技术驱动。新兴市场具有占人口大多数的低收入人群，大量的需求尚未得到满足，但市场上缺乏与他们的支付能力相匹配的商品数量和种类。因此，需要降低商品或服务的价格，提供消费者可以接受的产品性能和质量，这正是为节俭式创新所倡导的逻辑。传统的追求粗放型经济增长发展方式导致生态破坏和环境污染问题严重，而考虑环境问题势必增加企业的创新成本，从而影响消费者对产品以及服务价值的获得。这就迫切要求企业走出一条能节约资源又能增加产出的全新思路和创新模式，这也契合节俭式创新的逻辑。技术层面，一些突破性技术大部分都产生于非传统顾客低要求的或者新的运用中，经过对技术和产品的不断改进和完善，通过逆向创新成功（reverse innovation）进入成熟的发达国家市场，这种创新理念也吻合破坏性创新的逻辑。

张军等（2017）基于前人研究，将节俭式创新的驱动力概况为两个方面：新兴市场的资源供给限制和消费需求特征。其中资源供给限制主要包括技术欠缺、劳动力短缺、资本不足、制度供给限制等方面。而制度欠缺方面表现为法律法规体系不完善、商业保障及生产规章制度不健全（Tiwari & Herstatt，2012）；消费需求特征表现为消费市场潜力巨大、消费者个人收入水平低下（Radjou et al.，2013）、物流供应链亟待完善、企业渴望同行间的协同创新等（Ouden，2012）。

四、节俭式创新过程

现有的节俭式创新研究大都围绕其概念内涵展开，只有较少学者对节俭式创新的过程进行了研究。Hamacher（2014）基于价值链视角，运用扎根理论探讨了节俭式创新的过程。研究发现商业模式创新、知识链接、外部协同在其中扮演的重要作用，认为节俭式创新过程是一个包括以下多个阶段的链式模型：模糊前端市场识别、生产研发、细节检测与处理、重新设计与生产、市场推广、模糊前端市场识别。该模型特别强调对新兴市场（尤其是 BOP 市场消费者）需求识别的关键作用。陈劲、王琨（2014）的研究从理论上将节俭式创新实施过程划分为三个环节：构建功能模型、可行性分析、优化基础设计。而邢小强等（2014）认为节俭式创新的基本过程包括以下三个基本阶段：约束条件的框定、创新组合的构建、价值网络的优化。应瑛、刘洋（2015）采用多案例研究方法，解释了后发企业的节俭式创新自下而上的内部过程。研究认为组织先前经验和外部知识来源是节俭式创新的促发条件，即兴学习、试验学习以及组织经验三者之间的循环构成了本土努力模式。前两者间的不断交互以及试验学习的验证，促进了节俭式创新的成功。Hossain（2016）认为，节俭式创新的本质是创新成果扩散过程，是产业间创新互动、区域间创新协同、国家间创新合作三者动态演化过程。

五、节俭式创新研究缺口

已有的节俭式创新研究主要聚焦于概念的界定、要素的解释、理论模型的探索等，而且研究情境相对单一，现有文献中大部分的研究情境局限在印度，而对其他新兴市场（如中国、俄罗斯、巴西等）的节俭式创新研究相对较少。

（一）节俭式创新概念界定尚未统一

目前已有的文献都对节俭式创新概念进行了界定，但学者们都基于不同的研究情境及研究目的，给出了不同的概念界定。鲜有学者对此概念进行统一，而且已有研究中，都缺乏实证基础（Bhatti & Ventresca, 2013）。为了完善这方面的不足，一些学者进行了探索性研究。如 Soni（2013）为了解释节俭式创新现象，基于区位经济和制度理论角度提出了一种分析框架，分别解释了供需双方的一些因素。该分析框架深入阐明节俭式创新的驱动因素，提出了一些节俭式创新的实践建议，但没能提供一种在创新过程中如何识别究竟发生了什么的方法。Bhatti（2012）基于社会的金字塔底层创新、业务或技术的熊彼特创新以及制度创新视角提出了一个节俭式创新的理论模型，该理论模型在当下创新理论领域里对节俭式创新的定位有着非常重要的贡献，但忽略了对公司层面的要素及节俭式创新过程的动态性的关注。尽管如此，张军等（2017）基于资源约束、创新包容性、创新输出品质保障三个研究者关注的焦点视角，认为节俭式创新内涵界定已呈收敛趋势，边界逐步清晰。但不可否认的是，节俭式创新概念需要进一步聚焦,而且要重点考虑概念如何进行操作化,为今后的大样本定量研究作好铺垫。

(二) 节俭式创新理论构建还不成熟

现有节俭式创新理论构建研究停留在初始阶段,尚不成熟,尤其是对节俭式创新内在机制的剖析和揭示远远不够。对节俭式创新的动因研究已有所涉及,但还不够系统。外部过程方面主要聚焦在外部动力要素研究上,但这些外部动力因素如何驱动节俭式创新的内在机理尚未揭示。在节俭式创新的内在过程研究方面,不同学者采用不同方法基于不同的视角进行了一些探索,试图揭示其内在的微观过程,但至今尚未达成共识,内在过程的"黑箱"仍未完全打开,亟待更多基于不同研究情境的相关研究。不仅如此,已有研究较少涉及节俭式创新过程中的价值创造和价值分享问题,如节俭式创新在新兴市场中的扩散路径、节俭式创新如何颠覆成熟的发达市场并反哺发达市场的路径以及机理等,这些问题都需要学术界给予更多的关注。

第三章 研究设计与案例介绍

第二章主要针对本书涉及的理论基础、理论分析工具以及相关研究文献进行全面系统的梳理和综述。本章主要阐述本书的研究设计,包括研究方法和研究对象的选择、数据的收集与分类、提高本书研究信效度的措施等。

第一节 研究方法的选择

众所周知,基于演绎实证主义思想的量化实证研究方法是目前社会科学领域的常用方法,其特点是对总体进行样本抽样,数据逻辑严谨,研究范式非常成熟。但随着研究方法的深入发展,学术界很多学者已经意识到这种基于假设检验的量化实证研究方法具有天然的局限性,比如该方法始于某个已有理论演绎,通过一些可度量的因素进行计算、测量,以分析并掌握事物发展的规律,更适合进行验证理论,但建构理论则行之无效(吕力,2014),对于研究那些动态复杂的问题更具难度(郭萍,2016)。

研究方法的选择要遵从于研究问题,即依据研究所需要解决的目标来选择具体的研究方法。只有研究方法与研究问题的性质和特点相吻合,该方法的运用才是恰当和正确的。本书根据研究问题,主要选择扎根理论和案例研究方法,下面将具体阐述这两种方法。

一、扎根理论

扎根理论方法论是由 Glaser & Strauss 两位学者于 1967 年在其专著《The Discovery of Grounded Theory》中首次提出,旗帜鲜明的强调扎根理论的任务和使命就是从系统性资料中发现和建立理论（Glaser & Strauss，1967），即"通过质化研究方法来建立理论"（Strauss & Corbin，1997）。随着后续诸多学者对扎根理论的不断发展和完善，扎根理论已经逐渐演化成一个比较完整的研究方法论体系，被广泛运用到教育学、宗教学、护理学以及管理学等研究领域，成为社会科学最常使用的研究方法之一。扎根理论基本的研究逻辑强调对所收集的研究情境数据和资料不断进行比较，进行概念化与抽象化的分析和思考，基于已有资料数据概括提炼和归纳出概念、范畴，在此基础上进行理论的构建。

迄今为止，扎根理论已形成3大不同流派，分别是Glaser & Strauss（1967）的经典扎根理论、Strauss & Corbin（1997）的程序化扎根理论、Charmaz（2006）的建构型扎根理论。经典扎根理论就是1967年Glaser和Strauss所提出的扎根理论的最初版本。Strauss & Corbin（1990）出版的专著《定性研究基础：扎根理论程序与技术》中提出了类似于维度化、条件矩阵和主轴编码等新的概念及方法。但Glaser认为这些概念和方法已严重背离了"不先入为主地预设问题、假设以及范畴于强制选择数据资料和构建理论，完全自然涌现数据中蕴含的规律"这一扎根理论精神，为此专门撰文出版《扎根理论分析基础》批评Strauss和Corbin的观点，自此，Glaser和Strauss两位学者的学术立场决裂。程序化扎根理论也被认为"过于公式化和程序化"。此后，Charmaz创立了建构型扎根理论，认为扎根理论应当沿着实证主义源头往前发展，融入过去建构主义学者们的诸多方法和问题，发展成为更具反思性、更细致的研究方法。

本书选择扎根理论的理由是由于扎根方法适用的领域：第一，内涵和外延尚不明确抑或是仍然存在争议的理论概念，这些情况更适合使用质性研究，尤其是扎根理论研究方法。第二，因果关系非常复杂，更适合用于建构规模较大（即指涉及概念较多以及变量之间关系比较复杂）、形式多样的理论。本书研究的节俭式创新正好符合第一种情况，即学术界对其内涵和外延尚处于探索阶段，因此比较适合扎根理论方法。而三大流派中，本书选取经典扎根理论流派，主要因为经典扎根理论方法更接近实证主义，方法上比Strauss & Corbin（1997）的程序化扎根理论更加科学，有利于进一步提高理论的解释力及信度。

经典扎根理论最本质的理念与精神就是强调研究问题以及理论的形成是一个自然涌现的过程。研究人员在未获得确凿证据前，不能主观推测和臆断以及先入为主地凭空想象。经典扎根理论的研究目的以及使用范围是强调对社会过程的分析,具有持续比较(constant comparison)、数据多元化和丰富化、理论抽样(theoretical sampling)等特征。持续比较是强调理论的形成源自数据之间、概念之间、范畴之间以及概念和范畴之间的不断比较,在比较中涌现,分为事件与事件之间、概念与更多事件之间、概念与概念之间、外部比较(如故事、轶事和文献)四个步骤(Glaser,1978)。数据的多元化和丰富化是指"一切皆为数据"(Glaser,2001),任何涉及研究的客观资料都可作为数据不断进行比较,如研究对象的音频、图片、历史信息、个人经历、调查数据、访谈记录等。理论抽样是指后续进一步收集的资料和数据应当与数据分析过程中浮现的理论有关。经典扎根理论方法要求持续获取最新数据,以发现新属性、新范畴或者范畴之间的新关系,当数据中不在呈现上述新发现时,便达到理论饱和,完成了理论抽样。

经典扎根理论方法呈现一个动态过程,分为研究问题的产生、数据的收集、数据的处理以及理论的构建四个研究阶段,如图3-1所示。首先,研究问题的产生。与其他研究方法相比,经典扎根理论最鲜明和突出的特点就是强调研究问题必须是自然涌现,研究者应当带着对某个问题模糊和笼统的兴趣和认知进入研究情境,通过与不同主体的互动以及在情境中仔细观察,自然地提出研究问题。其次,数据的收集。研究者根据研究问题选择恰当的研究样本。与量化实证研究的假设检验的抽样方法不同,经典扎根理论研究方法采用理论抽样(theoretical sampling)方式,即根据研究过程中产生的概念和范畴抑或是理论来指导下一步研究的样本抽样以及资料采集。资料和数据收集的最初阶段,一般采用的是目的性抽样,通过选择那些具有足够代表性和典型性的样本进行初始研究,随着研究的进展,再根据理论抽样方式决定下一步的研究样本。在数据收集过程中,访谈是非常重要而且也是最常用的一种数据收集方法。访谈一般以半结构化形式为主,在此过程中,应当更多地使用开放性问题,鼓励受访对象表达出真正的内心想法,避免先入为主的提示和引导。此外访谈后需要及时进行资料的整理,认真做好研究笔记(或备忘录),以进一步提高概念化的水平和引导理论的深入发展。再次,数据的处理。数据收集完成后,研究者将采用实质性编码操作进行数据的分析和处理,这是理论构建的基础而又关键的环节,具体包括开放性编码、选择性编码两个步骤。Glaser(1992)强调,编码就是通过事件与事件之间、事件与概念之间的持续比较,对数据进行抽象化和概念化,以形成更多的范畴和特征。开放性编码强调对数据的逐行编码,进行逐层的概念化、抽象化。要求必须本着开放性态度(Gla-

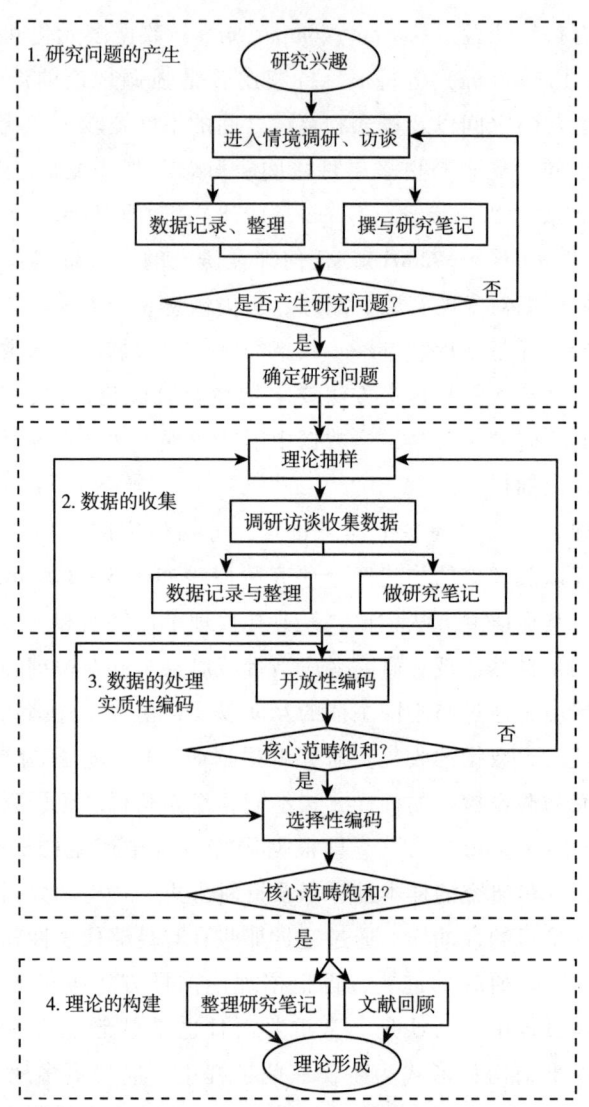

图 3-1　经典扎根理论研究示意

资料来源：贾旭东（2016）。

ser，1992），遵循"逐级编码"之原则，逐步提升数据的抽象化和概念化程度，通过多级编码获得具备概括性和抽象化的概念或者范畴。选择性编码是在开放性编码阶段自然涌现核心范畴后，对那些能够与核心范畴产生关联的相关数据进行编码。因此，核心范畴成了这一阶段进行下一步数据收集以及理论抽样的指导（Glaser，1978），并且需要同时具备核心性、解释力、频繁重现性、能够跟其他变量发生联系且有意义等特征。其中，核心性要求变量尽可能多地与其他属性和数据相关联。解释力则要求变量应当能够解释绝大部分被研究对象的行为特征。如果核心范畴尚未实现理论饱和，研究者将继续理论抽样，重复上述步骤，再次进行选择性编码，直至理论饱和，进入理论构建的研究阶段。最后，理论的构建。理论的构建主要采用理论性编码来实现，即将编码中产生的概念和范畴组织起来以实现理论构建。理论性编码就是指概念或范畴之间隐含的因果、并列、递进等相互关系。在理论构建的阶段，研究者记录的研究笔记和文献回顾将发挥非常重要的作用。手工整理出来的研究笔记能够聚焦研究过程中产生的概念、思想、范畴，通过对这些概念和范畴进行概念化综合可以形成比较完整的理论。倘若理论无法实现饱和，可追溯整个过程，再次进行理论抽样和选择性编码，通过补充新的研究数据，以实现理论饱和。研究者初步构建出来的理论需要跟现有文献作比较，发现其中的不足，当不能产生新的概念和范畴时，便实现了理论饱和。

二、案例研究方法

案例研究方法是目前学术界逐渐兴起的另一种研究管理学领域的常用方法，是一种通过分析典型案例的问题和现象，归纳总结出研究命题或者推导出研究结论的研究方法（欧阳桃花，2004）。该法在研究开始阶段并不会受到已有理论的束缚，而是基于现实中的客观事实进行归纳和推导，非常适合进行构建和发展理论（陈晓萍等，2012；Yin，2003；Eisenhardt，1989）。罗伯特·K. 殷在其著作《案例研究方法的运用》（Applications of Case Study Research）中指出，至少在以下三种情况下，可以通过创造条件使用案例研究方法进行相关研究：首先，通过研究问题类型进行确定（Shavelson & Towne，2002），类似于强调"发生了什么或者正在发生什么？"的描述性问题，抑或是强调"怎么发生或者为什么会发生？"的探索性问题。当研究这两类问题时，没有其他研究方法可以像案例研究那样能够提供充分完整的描述和独到的解释。其次，根据是否强调真实情景中的现象进行判断。案例研究方法注重收集自然情境中的数据，不是依托"得出来的"数据（Bromley，1986）。当然，如果能结合原始的田野调查研究，将更有助于提高研究结论或理论的科学性。最后，案例研究方法常常用于评估。许多不同的部门都有一些通过案例研究方法进行评估的实例，如美国审计署及其他相关部门（Yin，1994）。

结合本书第三和第四个研究问题，即深入探索节俭式创新价值创造以及过程,以期总结出节俭式创新的价值创造模型和节俭式创新过程模型,本书采用案例研究方法,试图回答后两个研究问题,理由如下:第一,案例研究方法作为一种常用的科学和规范质性研究方法,最适合用于探讨并回答"为什么(why)"和"怎么样(how)"的问题(Yin,1994)。本书后面两个研究问题就是试图探讨节俭式创新的价值创造以及节俭式创新过程,这正好是属于"怎么样(how)"范畴,因此,案例研究法非常适合作为本书的研究方法。第二,现有文献尚未深入解答节俭式创新价值创造以及过程,尤其是具体的价值创造更是鲜有文献进行研究和探讨。理论建构型的归纳式案例研究方法主张在多元数据中识别并产生核心的理论构念(Yin,1994),通过系统性的因果逻辑分析,非常有助于从"现象驱动型"案例中推导和提炼出理论,进而实现已有理论的进一步丰富(Eisenhardt,1989)。而且,探索性案例方法能更深入地探究现象背后的理论逻辑,更好地挖掘其中潜在的规律及内在本质原因(Pare,2004)。第三,本书采用多案例对比的归纳性研究范式,能够更加有效地收集和对比研究数据,通过案例之间的相互印证和补充来实现单个案例的复制与拓展,大大提高理论的普适性(Yin,1994),也进一步提高本书研究的外在效度。而且多案例研究适用于更加强健的理论建构(Yin,1994),通过不同案例间的相互比较,确认所产生的新观点是否能同时被多个案例反复证实,从而实现对研究发现的反复验证和进一步拓展(Brown & Eisenhardt,1997)。

因此,本书遵循成熟的案例研究范式,通过实践资料和理论文献的不断循环迭代进而涌现理论,案例研究的流程如图3-2所示。

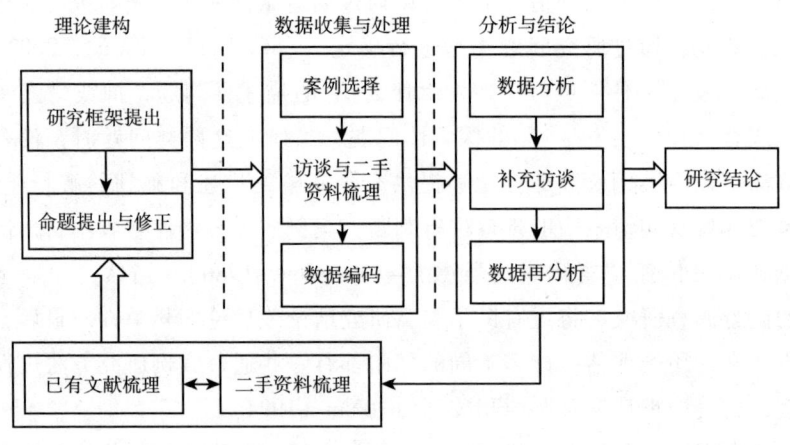

图3-2 本书案例研究流程

第二节 研究对象的选择标准与纳入

前面一节阐述了本书选择扎根理论以及择案例研究方法的原因及研究思路，本节将介绍本书研究对象的选择标准，并对所选择的案例样本进行简要介绍。

一、选择标准

案例选择是运用案例进行建构理论的一个重要环节。案例研究在选择案例时采用的是理论抽样方法，即根据理论的需要进行案例选择，而非统计抽样的标准（Glaser & Strass, 1967）。对于案例的选择方法，Eisenhardt（1989）提倡选取典型案例，并且指出，所选案例要求能够拓展新兴理论，或者复制先前案例的发现，抑或是能为填补理论的分类提供实例。即便这些案例可通过随机抽样获得，但随机样本不仅是不必要的，而且还是不可取的。Pettigrew（1988）强调考虑到所能研究的案例数量有限，应当选取极端类型和极端情境的案例作为研究样本。Yin（1994）也要求选择案例时注重样本的重要性或者极端性。因此，理论抽样的目标要求研究者选择那些能够拓展新兴理论或者可以复制的案例。

为了保证案例的典型性以及样本的饱和度，本书将基于以下几个原则来选择案例：（1）案例企业必须在新兴市场开展节俭式创新活动；（2）案例企业在行业中具有典型的代表性，表现为行业龙头企业或者行业中节俭式创新现象典型；（3）案例数据的充足性和可获得性，这就要求案例企业不能是初创企业，而应该是已经成立了一段时间；（4）案例企业相对于同行业竞争对手应当具有明显的竞争优势，尤其是表现在产品的价格—性能体系上。根据以上的标准和原则，同时兼顾研究结论的普适性原则，本书选择了制造业的A、B、C、D四家企业[①]，分别来自四个不同行业：A是叉车制造商，B是医疗器械提供商，C是鞋服及体育相关产品提供商，D是家具类相关产品提供商。

---

① 应企业要求，本书隐去公司真实名称，分别用大写字母A、B、C、D代表四家案例企业。

二、案例介绍

（一）A 公司简介

A 公司是德国凯傲集团下的一家在国际市场极具竞争力的物料搬运设备制造商。公司定位于价值和经济实用型叉车市场，地处江苏靖江经济开发区，占地面积约 12 万平方米，现有员工 600 多名，经销商遍布全球 80 多个国家。公司目前提供全系列产品线：载重量 1—10 吨的汽油、柴油、液化气叉车以及仓储车和电动叉车。公司产能雄厚，拥有自动化涂装线、关键零部件生产线以及整车装配线，这些都为公司乃至整个集团业务的快速增长提供了强有力的支撑和保障。公司具有完善的叉车制造体系，有智能化装配线、自动涂装线、大型加工中心、机器人焊接等设备，确保生产出尺寸稳定、高精度、工艺精湛的叉车配件和整机。

A 公司将产品质量视作企业的生命，借鉴母公司的运作经验，引进"质量门"，在每一道工序都设置质量关，杜绝残缺产品流入市场。投入大量资金，耗时半年，率先引进叉车跑合试验台，真实模拟叉车在实际使用中的各类行驶情况。全线标配安装了高精度传感器，以此精准获取叉车整车性能的各项检测数据，为客户提供运行稳定、安全性能可靠的高品质叉车。公司通过了 CE 认证、ISO9001 质量体系认证、ISO14001 环境体系认证等，是中国十大叉车品牌之一，也是国内唯一央视上榜品牌。

创新是 A 公司持续发展的不竭动力，坚持以客户需求为导向，不断潜心研发适应冷链、汽车、酒水、木材、陶瓷、化纤、物流等不同行业使用特色的新产品。作为一家国际化公司，多年来，A 公司逐渐布局了遍布全球的销售网络，在中国拥有 180 多家经销商，为客户提供当地化的专业销售和支持，具备全天候的销售服务能力，完善的网络和长远的发展规划赢得了诸多客户的信赖和肯定。同时，A 公司拥有高效及时的配件系统，为客户量身打造的电子配件系统（BPCS 系统），能够第一时间为全球客户进行配件的分配和下达，帮助客户解决后顾之忧。A 公司始终坚守"为大众市场带来实实在在的产品"的发展信念，不懈努力，不断前行。如今，公司通过整合自身综合制造平台和母公司卓越运营的优势资源，持续为全球中低端市场提供可靠实用的产品，已经发展成为全球消费市场上遥遥领先的经济型叉车品牌。

（二）B 公司简介

B 公司是成立于 1949 年的一家全球性医疗解决方案公司，迄今有 60 多年的发展历史。公司致力于通过医疗技术、优质服务和解决方案不断改善人们的生活。公司于 1960 年正式确立了企业使命,即充分应用生物医学工程理论,研究、设计、制造、销售能够恢复健康、减轻病痛、延长寿命的仪器和装置,以此促进和改善人类的福祉。公司将发展方向定位于最具有竞争优势的生物医学工程领域,并通过整合优势资源,不断提高该领域的竞争实力。不遗余力地提高产品和服务的品质和可靠性。在获取利润的同时,提升员工的工作满足感,使员工分享公司取得的成果。积极参加并履行更多的社会义务。据 B 公司 2016 年财务年报数据显示,公司全球员工超过 8.8 万人,全球有 480 个业务机构为全球 160 多个国家的医院、医生、诊所和病人提供专业的服务,每年约有 6500 万病人受益于 B 公司的技术,即相当于每秒钟有 2 人能够从中受益。2016 年公司的研发投入约 22 亿美元,专利数超过 4.5 万个[①]。公司的发展目标是通过开展有意义的创新、提升全球医疗可及性、调整价值、成为可以信赖的伙伴来完善医疗保健,聚焦疗法创新、全球化发展、注重经济价值三个战略重点。

  B 公司目前涵盖心脏血管、恢复性疗法、微创治疗(原柯惠集团)、糖尿病四大业务集团,每个业务集团又细分有具体的业务部门,提供广泛对应的医疗技术、治疗、服务和解决方案。B 公司在 2016 年实现收益 288 亿美元,净收益 35 亿美元。公司四大业务集团实现总的净销售额 288 亿美元,其中心脏血管业务集团实现净销售额 102 亿美元,微创治疗业务集团实现净销售额 96 亿美元,恢复性疗法业务集团实现净销售额 72 亿美元,糖尿病业务集团实现净销售额 18 亿美元[②]。如今,B 公司已发展成全球市场规模最大的医疗科技公司之一,正携手更多的全球业务合作伙伴,与各利益相关方一道寻找提升全球医疗可及性和协同价值的途径,共同努力通过创新模式提升全球医疗水平。

(三) C 公司简介

  C 公司是一家创立于 1987 年的我国本土运动品牌公司,主要从事运动鞋、服装及配套产品的研发、设计、生产及销售。公司现有 5000 多名员工,15 万平方米的现代化标准工艺厂房。销售网络覆盖全国 31 个省份的区域市场,主要侧重于三四线城市市场并具有独特的竞争优势。截至 2017 年 6 月 30 日,在全国已经建立了 4001 家零售终端。随着近年来的快速发展,C 公司在我国运动用品行业保持稳定的市场竞争地位,根据欧睿信息咨询有限公司(Euromon-

---

①② B 公司 2016 年公司年报。

itor）数据显示，C公司在过去三年的市场排名中保持稳定，在中国本土的体育用品品牌排名中名列第八。2014—2016年分别实现营业收入19.2亿元、19.69亿元、22.79亿元，尤其是2016年实现了15.6%的高增长。C企业于2014年在上海交易所成功上市。截至2017年8月25日，公司总市值为21.1亿美元。

2014年，C公司对发展战略进行转型和升级，采用收购和投资参股形式实现了公司从"传统运动鞋服企业"到"以体育服饰用品制造为基础，多种体育产业形态一起协调发展的体育产业化集团"的转变，完成全体育产业的多元化布局。这些收购和投资参股主要包括：2015年，公司出资2000万欧元收购西班牙足球经纪公司BEST OF YOU（BOY）31%的股权，成为其最大股东；与虎扑体育和景林投资成立体育产业基金；投资虎扑体育16.1%的少数股权；与中国大学生体育协会、虎扑体育共同出资成立康湃思公司。2016年，投资AND1，获得其在大中华地区30年的产品制造、分销和推广商标授权；投资3.8亿元收购名鞋库约51%的股权；出资3.8亿元收购了湖北杰之行50.01%的股份。2017年，出资3.7亿元收购了名鞋库剩余49%的股权。通过以上的资源整合，丰富了产品线，实现了公司线上、线下全渠道打通，迅速提升了C公司的市场竞争能力。

（四）D公司简介

D公司是成立于2007年一家本土公司，注册资金1500万元，现在拥有自有厂房约2万平方米。D公司依托国内外知名院校以及科研院所的先进技术，潜心剖析和深度研究国内外的同类产品，精心挑选和购买欧美优质的原材料，是一家集研发、制造、销售、施工于一体的综合性公司。公司秉承"卓越品质、及时周到服务"的经营理念，注入大量资金，引进先进的生产设备，不断加大对技术人员的培训及进一步深造力度，实现了管理程序的信息化、标准化以及完善的一体化售后服务体系，提升了企业的综合竞争实力。

公司目前拥有"家天下"和"美耐德"两个品牌，主要生产瓷砖辅材、防水、油漆辅材三大系列产品，产品配套齐全，质量可靠。公司建立了"装修套餐，道道精品"的产品生产体系。在防水系列方面，公司拥有一支专业水准极高的施工队伍。经过近10年的快速发展，到目前为止，公司已经承接了上百万个防水施工工程项目，可靠的质量以及妥善的售后服务深受客户的好评和信赖。不仅如此，凭借科学和高质量的营销运作，产品和服务深受业界的好评，公司也获得了诸多荣誉，成为"质量服务信仰AAA级企业"，顺利通过了 ISO 国际质量体系认证。"美耐德"防水涂料先后斩获"中国绿色环保产品"与"中国著名品牌"。借助品牌优势，公司进一步完善渠道建设，积极发展经销商和代理商，建立重庆分公司拓展省外市场，目前销售网络已经遍布福建、浙江、江西、北京、重庆、安徽、河南、山西、广西等数十个省份。D 公司在成立之初就强调企业文化的重要性，注重企业文化的建设，强调进取精神，致力于对技术的持续创新。要求员工始终站在时代的前列，结合市场需求，紧跟技术的前沿，切实帮助客户解决其痛点。企业也注重"以人为本"，强调员工价值发挥的最大化，而不是以利润最大化为标准。注重员工潜能发挥的最大化，鼓励在"以人为核心"的基础上对产品的设计、生产和营销进行持续创新。

以上是对案例对象的简要介绍，各公司的基本信息表 3-1。

表 3-1　　　　　　　　　　案例企业简况

案例企业	成立时间	业务	发展/收益概况
A 公司	2003 年	主营叉车及其相关服务，提供先进的供应链物流解决方案，针对从工厂、仓库以及配送中心的物料流和信息流进行系统优化	经济实用型叉车制造，全球 80 多个国家设有经销商，具备全天候售后服务能力，完善的网络和长远的发展规划，深得客户的信赖和肯定，收益好
B 公司	1949 年	一家全球性医疗解决方案公司，致力于通过医疗技术、优质服务和解决方案不断改善人们的生活	全球员工超过 8.8 万人，全球有 480 个业务机构为全球 160 多个国家的医院、医生、诊所和病人提供专业的服务，每年约有 6500 万病人受益于公司的技术，即相当于每秒钟有 2 人能够从中受益。公司在 2016 年实现收益 288 亿美元，净收益 35 亿美元，收益较好
C 公司	1987 年	主要从事运动鞋、服装及配套产品的研发、设计、生产及销售	公司现有 5000 多名员工，15 万平方米的现代化标准工艺厂房，销售网络覆盖全国 31 个省市的区域市场，全国已建立了 4001 家零售终端，截至 2017 年 8 月 25 日，公司总市值为 21.1 亿美元，收益较好
D 公司	2007 年	主要生产瓷砖辅材、防水、油漆辅材三大系列产品	凭借技术和品牌优势，发展势头强劲，销售网络已经遍布福建、浙江、江西、北京、重庆、安徽、河南、山西、广西等数十个省市，收益较高

资料来源：根据访谈资料编制。

第三节　数据收集与分类

为确保本书的构念与理论模型更具有充分的证据链和事实基础，实现证据的三角验证（Eisenhardt，1989），进一步提高理论的信度、效度（郭会斌，2016），本书根据研究需要，采用面对面访谈和二手资料两种渠道进行数据收集。具体说来，一手数据收集分为三个阶段：第一阶段为 2017 年 9 月 1 日至 9 月 30 日的试调研阶段，选择了厦门及东莞共 4 家企业进行试调研，这些企业分别经营门窗五金制品、轮胎产品、纸尿裤和手机。前后两次与四家企业的总经理进行了半结构化访谈，每位受访者的访谈时长为 1—1.5 小时。试调研的目的是通过与企业家的实地访谈，进一步明确本书研究的意义及可行性，更重要的是通过预调研来完善访谈提纲，在此基础上对预调研访谈提纲的措辞、问法、问题适合度等进行补充和完善，整理出正式访谈提纲，进一步了解节俭式创新的内涵及特征。第二阶段为 2017 年 10 月 10 日至 11 月 20 日，根据修改后的访谈提纲，对案例企业进行深入调研。在此期间，研究小组一行三人先后前往东莞、上海、江苏、福州、厦门等地就课题相关问题进行调研，访谈了 4 家案例企业的董事长、总经理、总监、研发经理等中高层管理者。其中面对面访谈主要以半结构化形式进行，与每位受访者交流的平均时间为 70—100 分钟。整个访谈过程分工明确，一人负责提问，一人负责记录，另外一人在征得受访者的同意下负责录音。记录方式基本上以录音为主，研究人员书面记录为辅。每次访谈结束后，研究成员第一时间将录音资料转换成文本资料，结合书面记录要点，对不确定的相关问题以电话形式再跟企业负责人进行确认。在访谈结束后，企业一般都会安排实地参观，在参观过程中，研究成员就一些与研究相关的问题进一步提问，企业相关人士进行回答，对此安排专人负责做好相关的记录并整理成文本资料。第三阶段为 2018 年 3 月 9—15 日，根据研究进展中所体现出来的信息量不足问题，为进一步提高研究信度，本书对 4 家企业相关人员进行补充访谈。其中，A 公司王总经理，访谈时长 90 分钟；B 公司福建地区销售曹总监，访谈时长 100 分钟；因 C、D 两家公司存在问题较少，故采取电话回访的方式进行。C 公司回访了董事长助理，时长 40 分钟；D 公司回访了熊董事长，时长 30 分钟。

二手资料收集过程如下：首先，通过浏览各案例企业的官方网站，收集关于案例企业的内部资料，如企业简介、企业文化、战略规划、领导人发言稿、企业发展的大事记、媒体报道等，共计90余篇。同时通过一些管理咨询机构的网站、阿里研究院获取了相关行业的发展报告等资料20余篇。其次，以各案例企业的名称、董事长及总经理的姓名等为关键词，在搜狗、百度搜索以及搜狐、网易、腾讯等各大新闻网站进行查询和搜索，共获取118篇新闻资料，根据研究需要进行筛选后保留了其中的67篇。最后，通过万方数据库、中国知网等学术期刊以及硕博论文库等渠道，以各案例企业名称为关键词进行查询，共获取201篇与研究主题相吻合的相关文献。

在整个数据收集过程中，本书非常注重对不同信息来源的数据进行相互验证，以这种三角检验的形式实现研究数据的收敛（潘绵臻、毛基业，2009）。针对每个企业的实际情况设计了对应的调研计划，包括拟访谈人员、所需资料、访谈提纲等，以提高本书研究的信度（Yin，1994）。本书研究的具体资料来源详见表3-2。

表3-2　　　　　　　　　　数据来源

数据类型	数据来源	数据内容
一手数据	访谈资料	预调研时间：2017年9月1—30日 1. K公司总经理，柯总，两次访谈共计时长130分钟 2. MK公司林董事长，林董事长助理，访谈时长共计200分钟 3. AY公司总经理，詹总，两次访谈共计120分钟 4. V公司采购二部，罗总，两次访谈共计140分钟 访谈时间：2017年10月10日—11月20日，2018年3月9—15日 1. A公司总经理、销售与服务副总（2人），两次访谈时长共计为270分钟，参观时长为30分钟 2. B公司创业中心总监、福建地区销售总监（2人），访谈时长为170分钟 3. C公司董事长、董事长助理（2人），访谈时长为90分钟、60分钟，参观时长为30分钟，电话回访董事长助理40分钟 4. D公司董事长、总经理（2人），访谈时长为100分钟、70分钟，参观时长为40分钟，电话回访董事长30分钟
	直接观察	生产车间原材料采购、设备、工艺、流程、物流配送等参观中陪同人员的讲解，并就有关问题进行询问，做好相关记录并形成文本
二手数据	官方资料	企业官网、管理咨询机构的网站、阿里研究院获取资料，包括企业发展规划纲要、企业文化宣传文件、档案、会议记录及报刊、行业发展报告等，共计110余篇
	新闻报道	搜狐、网易、腾讯等各大新闻网站进行查询和搜索，共获取67篇
	理论文献	万方数据库、中国知网等学术期刊以及硕博论文库等渠道，共获取201篇

资料来源：根据本书研究数据编制。

第四节 信度、效度的确保

本书从研究设计开始就按照规范的案例研究方法进行，注重理论梳理的严谨、逻辑分析的严密性、过程控制的规范性。针对每个研究阶段均制定了相应的研究策略，尽最大努力降低编码和数据分析过程中的主观色彩。Yin（2004）和郑伯埙、黄敏萍（2008）都认为衡量一项案例研究质量的高低有4个评价标准，分别是构建效度、外在效度、内在效度、信度。因此，遵循其标准，本书也进行了相关信度和效度的控制与检验，详见表3-3。

表 3-3　　　　　　　　保证信度和效度的研究策略

检验	策略	策略的使用阶段	具体操作
构建效度	数据来源的多元性及三角验证	数据收集	面对面访谈、现场观察、二手资料（详见表3-2）等不同数据来源的相互佐证
	调研报告文本内容的核实	数据收集	将调研4家企业所形成的报告文本分别反馈给各案例企业进行核实和确认，确保内容的准确性
	形成清晰和完整的证据链条	数据编码数据分析	原始数据—提炼条目—原始数据的概念化——阶概念—二阶范畴—主范畴—核心范畴—命题—模型
	魔鬼挑战师的辩护	数据收集研究发现	在项目组及校外学术会议进行数次汇报讨论，接受各位学者们的相关改进建议
内在效度	建立解释	数据分析理论贡献	对本书研究的命题、结论及因果模型进行与数据的不断比对，检验契合度
	对立的竞争性解释分析	数据分析	多名研究人员提出解释，并寻找各自的对立解释，根据数据进行审核并修正原解释
外在效度	理论导向	研究设计	本书研究通过回顾相关理论，建立分析框架，实现现有理论与本案例研究的对话
	多案例研究	研究设计	多案例对比分析，进行差别复制，以增加本研究的普适性

续表

检验	策略	策略的使用阶段	具体操作
信度	周密的案例研究计划	研究设计	课题组多名成员进行多次讨论和修正,形成周详的研究计划书
	案例资料库的建立	数据收集	对所收集的资料进行归类整理,建立 Endnote 和 Nvivo 资料库
	重复实施	数据分析	数据分析由不同研究人员共同进行,对比各自结果,讨论、修正并形成最终统一意见
	多类型证据源	数据分析	访谈内容、现场观察、二手资料等多种类型的证据源,原文引用二手数据

资料来源:根据 Yin(2004)和郑伯埙、黄敏萍(2008)编制。

第四章 节俭式创新内涵和动因

第三章是本书的研究设计部分,重点对本书研究的研究方法进行阐述,详细解释了选择扎根理论和案例研究方法的原因及对案例进行理论抽样的过程,同时也展现了整个研究的数据收集、数据分析、研究设计、研究结论、理论贡献等各个阶段中确保信度和效度的措施。节俭式创新的内涵和外延尚不十分明确,更适合采用质性研究,尤其是基于扎根理论研究方法的质性研究。因此,本章将采用经典扎根理论方法,结合案例样本数据,对节俭式创新的内涵及动因进行探索。

第一节 节俭式创新内涵[①]

学术界对节俭式创新的内涵已展开一些研究,但观点不一,至今尚未统一。因此非常有必要继续对节俭式创新内涵展开进一步的补充研究,这也有助于推动节俭式创新理论的构建。笔者在预调研开始就带着这个问题进入样本企业,收集相关数据。数据分析发现,节俭式创新可提炼出成本导向型节俭式创新和资源与环境导向型节俭式创新两种类型,侧重点不尽相同,需要区别对待。

一、成本导向型节俭式创新

节俭式创新强调的是要求在确保客户关注的性能足够好的基础上大幅降低成本,以实现对更大规模消费人群的包容性。本书在案例数据分析过程中发现

---

① 此部分已发表在《经济与管理评论》2020年第1期。

一个核心范畴——"成本导向型节俭式创新"，在开放性编码过程中，"成本导向型节俭式创新"这一核心范畴共获得了 2 级共 25 个编码或范畴的支持，因此判定其为核心范畴。在选择性编码过程中，该范畴同时又获得了 3 级共 20 个编码或范畴的支持，因此判定其达到饱和。通过采用 Mindjet MindManager Pro 8 思维导图软件对研究数据进行开放性编码，获得"成本导向型节俭式创新"范畴的编码过程，详见图 4-1，该范畴的选择性编码过程详见图 4-2。

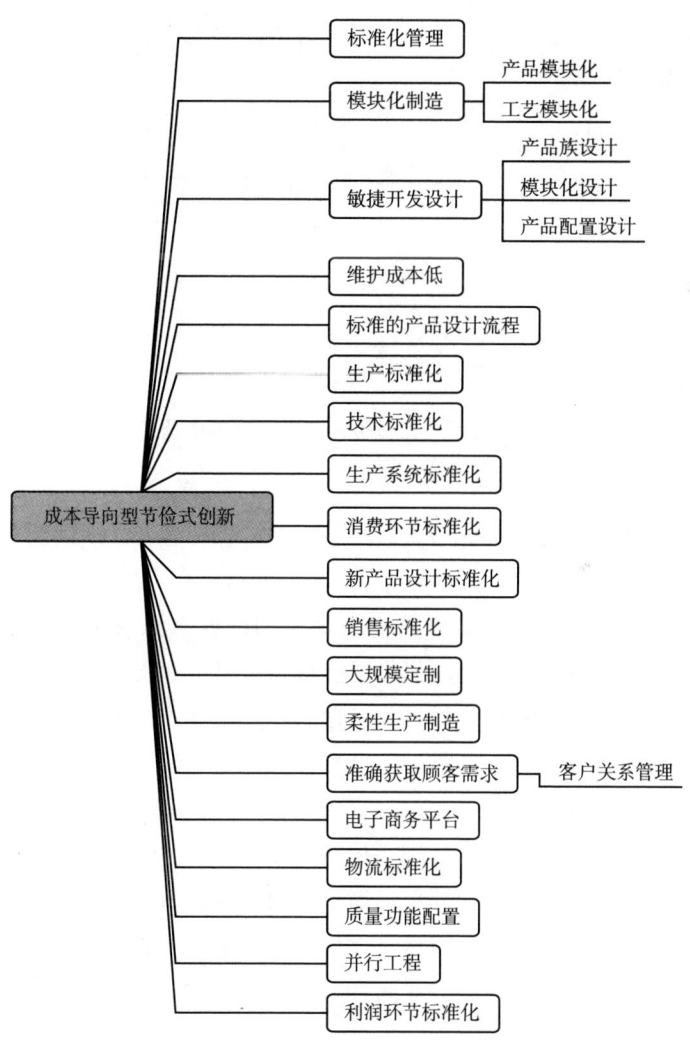

图 4-1　"成本导向型节俭式创新"范畴的开放性编码

资料来源：根据本书研究数据编制。

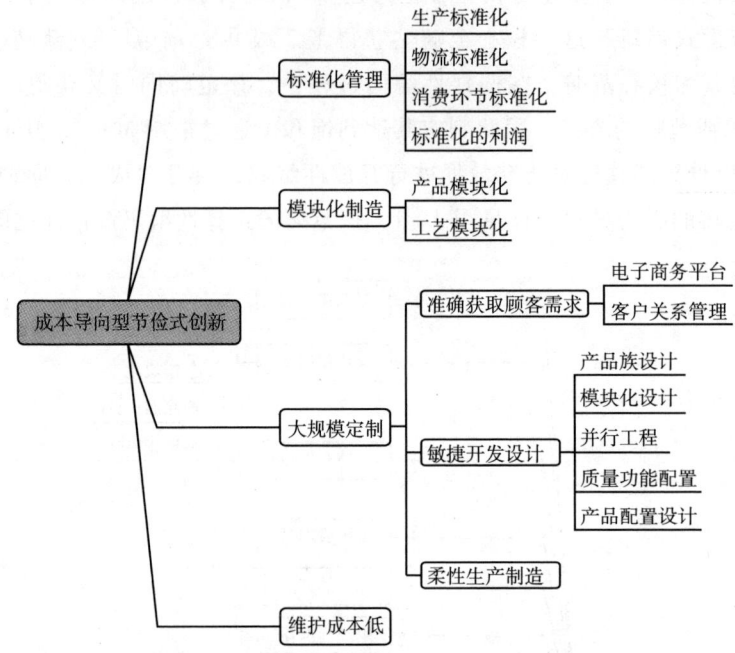

图4-2 "成本导向型节俭式创新"范畴的选择性编码

资料来源：根据本书研究数据编制。

从图4-2的选择性编码中可以发现，成本导向型节俭式创新的内涵主要包括以下四个方面：

首先，标准化管理。成本导向型节俭式创新要求采取措施大幅度降低成本，以客户可接受的价格为市场提供足够好的产品或服务。为大幅提升产品或服务的性价比，企业通过实施标准化管理，从产品生产、物流、消费环节到技术环节努力引领行业标准。产品的生产标准化主要反映在技术和生产系统的标准化两个方面，要求企业设定生产过程中的技术标准和规范，生产的流程、信息流动等有明确的规范化操作准则，确保科学运行（见表4-1①）。物流环节的标准化主要是从企业内部和外部去衡量。内部是指要求产品生产所需的各种零部件和原材料应当根据产品需求进行标准化采购，并使用符合标准的相关设备进行生产，以保证产品质量，提高合格率，减少产品的生产成本。外部是指

---

① 左列是根据访谈录音及二手资源整理而成的研究数据（因本书相关数据的证据较多，故以典型援引方式呈现），右列是笔者对该数据进行的编码，下同。

产品进入流通环节以后,要进行标准化的储存、出货以及运输,以确保货物进入流通环节前完好无损(见表 4-2)。消费环节的标准化主要是指销售环节新产品开发流程两个方面,企业要求产品生产出来后按照既定的渠道政策和标准进行分销,从项目开发到最后的销售等各个环节都需具备科学性、规范性。同时,营销部门还需要充分调查和了解目标市场的需求,以配合研发部门做好新产品的开发工作,缩短研发周期,减少研发成本,提高对外部市场需求变化的快速反应能力(见表 4-3)。标准化的利润是指企业实现利润时需要考虑成本、质量和社会效益三个方面,企业通过采用标准化的生产系统,合理统筹规划和使用人力、财力、物力,进行充分的前期市场调研,根据需求进行针对性的产品研发和标准化生产,最大限度地节省生产成本。根据目标市场以及客户需求制定质量标准,以符合企业利润要求为标准进行规范生产,同时还应该考虑社会效益、对环境的影响等(见表 4-4)。

表 4-1　　　　　　　　数据 1:产品生产的标准化

数据(典型援引)	编码
A 公司王总:我们自成立研究中心以来,组建专业研发团队潜心钻研核心部件的技术开发,如今已结成硕果累累,一些如弯道转弯技术、再生制动能效转换技术等引领着行业标准。	技术标准化
在产品整个生产系统制定了清晰的操作手册,对每道工序和流程有明确的规范,确保每个流程操作的科学性。	生产系统标准化
D 公司熊董事长:虽然我们公司成立才 10 年,但我们对技术一直不断追求卓越,寻求合作开发的同时又坚持创新,如独立研制的原材料——菱形石英砂,已成为行业标杆,现在我们在一些技术领域上已经充分参与了技术标准的制定。	技术标准化
具体生产环节,员工按照操作规范进行,从原料的调配比例,需要何种原材料到需要多少数量都有章可循。	生产系统标准化

资料来源:根据本书研究数据编制。

表 4-2　　　　　　　　数据 2:物流环节的标准化

数据(典型援引)	编码
A 公司谢副总:我们公司内部有规范的原料和零部件、配件的采购制度,进货检验、到货储存、配件及原料供应上都制定了非常详细的操作说明,员工在入职后以及工作期间经常进行培训。	内部物流标准化
产品的在途运输中的发货、在途储存等也进行了相应的规范,以确保产品售出前的完好无损。	外部物流标准化

资料来源:根据本书研究数据编制。

表4-3　　　　　　　　　数据3：消费环节的标准化

数据（典型援引）	编码
V公司罗总：公司产品生产出来后将按部就班的进入企业所建设的影响渠道送达各收集直营店，或者网上店铺，最终销售给终端消费者。	销售标准化
产品开发有标准的流程，除了研发团队外，市场部将积极配合研发部，提供最新的市场需求信息以及消费者的痛点，以提高研发成功率，更契合目标市场需求，也降低了产品开发风险。	新产品开发流程标准化

资料来源：根据本书研究数据编制。

表4-4　　　　　　　　　数据4：标准化的利润

数据（典型援引）	编码
MK公司林董事长：公司要想获得更大的利润，控制成本是必修课，我们从市场需求、新产品开发、生产、配送等都制定了一套科学规范的流程，提高各部门的协同作战能力，最大程度降低成本。	降低成本
根据目标市场及消费者需求，结合企业战略定位，我们制定了完善的产品质量标准，每道工序的用料数量、工艺要求、甚至产品的包装及在途运输等都有明确的要求和规定。	质量标准
作为一家负责人的公司，我们追求利润最大化的同时，更多的会注重与安全、卫生、环保等整体社会效益的协同。	环境、安全等社会利益

资料来源：根据本书研究数据编制。

其次，模块化制造。模块化制造被认为是企业获取竞争优势的一种非常有效的手段和方法，成本导向型节俭式创新非常强调模块化制造。模块化制造需要模块化供应商和集成商的密切配合才能得以实现。模块化制造主要从产品模块化和工艺模块化两个方面考量：产品模块化是指模块的集成商对产品进行功能分析以后将产品细分为不同功能的模块，从中选取不同模块重新组合，形成不同的产品系列，以满足客户多样化需求。对产品功能的合理划分是产品模块化的重要前提条件，进而实行不同功能单元的标准化和系列化，以减少产品组件的功能依存，提高研发效率，缩短产品开发周期，增强新产品的市场竞争能力。工艺模块化是强调对生产工艺进行模块化处理，以实现生产流程再造，有效缩短产品在制造的各个环节的转换时间，进而提高生产效率以及对市场的反应能力（见表4-5）。

表 4-5　　　　　　　　数据 5：模块化制造

数据（典型援引）	编码
V 公司罗总：我们的手机在实现标准化程度后，比如手机大小尺寸、接口的统一等，根据市场需求，基础销量足够大后，我们会进行产品的外设模块化。随着外部环境的快速变化，消费者需求瞬息万变，我们产品进行了模块化的探索，如将硬件中的基频、中频以及射频三者整合成同一个模块；MTK 交钥匙方案，将芯片、软件平台、第三方应用软件以及液晶和摄像头等部件一并提供。如今，我们只负责组装即可。	产品模块化 工艺模块化

资料来源：根据本书研究数据编制。

再次，大规模定制。成本导向型节俭式创新也非常强调大规模定制，是指以系统整体优化思想，整合各种资源，依靠现代设计方法、标准技术以及先进的信息制造技术，大批量高效率提供高质量、低成本的产品或服务，以满足客户的个性化需求。其基本思想是通过制造流程和产品结构重构，运用一些高新技术，通过批量生产实现产品的定制生产，以规模生产的速度和成本为单一顾客或多品种小批量特定市场定制产品（Pine Ⅱ B. J. et al.，1993）。研究发现，大规模定制要求企业具备准确获取顾客需求、敏捷开发设计、柔性生产制造等能力。数据显示，大规模定制企业一般通过电子商务平台以及客户关系管理等方法的有效整合来增强准确获取顾客需求能力。敏捷开发设计是企业采用统一并行和产品族设计的开发方式，通过对产品的模块化设计，使新产品快速上市，以满足客户多样化以及个性化需求。数据显示，大规模定制企业通过模块化设计、产品族设计、并行工程、产品配置设计以及质量功能配置等实现对产品的敏捷开发设计。模块化设计是根据市场预测，设计并划分一些通用功能模块，结合顾客要求进行不同模块的重组，实现零部件标准化与产品多样化的有效结合，体现了规模经济效益。产品族设计是强调建设一个通用的产品平台，面向整个产品族而不是单一产品进行设计，以高效地创造一系列派生产品，从而实现原材料和零部件的规模经济效益，极大地降低产品成本。并行工程是一种基于时间竞争视角，要求开发人员一开始就思考从概念到产品报废的成本、质量、进度以及用户要求等所有因素，可大大压缩新产品的开发周期。质量功能配置是根据目标市场客户需求，通过矩阵图解法将需求分解到各个职能部门以及产品开发的各个阶段，通过各部门通力协作确保产品质量。产品配置设计是根据顾客需求确定产品的整体结构以及物料清单，进而配置出对应的定制产品，以实现订单以及对产品设计的快速响应。柔性生产制造是企业为应对定制化和多样化的产品需求，通过网络化制造与柔性制造系统的整合，通过柔性管理以提升整体的柔性生产制造能力（见表4-6）。

表4-6　　　　　　　　数据6：大规模定制

数据（典型援引）	编码
C公司林董事长：在信息技术高度发达的时代，企业的整体经营环境发生了颠覆性的变化，消费者对我们产品和服务是否满意是影响企业生存与发展的核心要素，因此我们必须准确地获取目标市场消费者需求，这也是当下大规模定制生产企业需要首先解决的头等大事。那对于我们公司来说，通过建立电子商务平台发现市场需求，电子商务跳过中间环节，直接面对消费者，准确捕捉和引导消费需求；另外，我们引进先进的客户关系管理系统，以顾客为中心，优化整合业务流程，专门研究客户，从而提供一对一营销，以此准确获取顾客的个性化需求，实现将需求信息在各部门的共享，并根据需求信息有针对性地安排设计和生产定制化产品。	准确获取顾客需求 电子商务平台 客户关系管理
为了应对消费者瞬息万变的多样化、个性化需求，我们企业必须要在准确掌握顾客需求的同时，具备足够快速的产品开发与设计，为此，我们转变思路，要求研发部门创立一个通用平台，开始面向产品族进行同时设计。根据市场需求，划分出一系列功能模块，进而进行有针对性的不同功能组合，实现规模经济效应。为了最大限度地缩短产品开发周期，要求研发人员从开始就统筹考虑包括成本、质量以及进度等所有要求，以节省开发时间和成本。当然，在开发过程中，我们充分利用QFD技术以及矩阵图解等方法，根据顾客需求，确定和配置具体产品结构以及物料清单，有针对性地开展定制产品的生产，尽最大可能确保设计和生产出质量过硬的产品，提升企业对定制需求的快速响应。	敏捷开发设计 产品族设计 模块化设计 并行工程 质量功能配置 产品配置设计
多样化、大规模定制化的产品，对我们企业的生产制造提出了更高要求，要能够适应那些更多品种但批量又不固定的订单，为此，我们企业引进了柔性制造系统，是由计算机控制系统、物料运储装置以及数控加工设备等构成，集高精度、高柔性、高效率的自动化制造系统。这套系统能够非常灵活的根据不同订单具体需求进行生产。同时，我们也整合一种基于Internet的联盟式制造方式，更好地服务于客户大规模定制需求。	柔性生产制造 柔性制造系统 联盟式制造

资料来源：根据本书研究数据编制。

最后，基于以上企业所实施的标准化管理、模块制造、大规模定制，企业在很大程度上降低了产品的研发、生产制造等成本，提高了产品质量，非常精准地契合市场消费者需求，帮助客户降低了产品的维护成本。正如V公司罗总所说："经过标准化管理、模块化制造以及大规模定制，尤其是在质量功能配置环节，如抗摔环节，我们进行了不同程度的抗摔测试，尽可能地进行完善。高质量的产品在很大程度上降低了顾客的维护成本。"（编码：维护成本低）

二、资源与环境导向型节俭式创新

节俭式创新是一种资源局限驱动型创新，适用于饱具成本意识和环境意识消费者市场。本书在案例数据分析过程中还发现另一个核心范畴——"资源与环境导向型节俭式创新"，在开放性编码过程中，"资源与环境导向型节俭式创新"这一核心范畴共获得了 2 级共 19 个编码或范畴的支持，因此判定其为核心范畴。在选择性编码过程中，该范畴同时获得了 3 级共 14 个编码或范畴的支持，因此判定其达到饱和。运用 Mindjet MindManager Pro 8 思维导图软件对"成本导向型节俭式创新"范畴进行开放性编码过程详见图 4-3，选择性编码过程详见图 4-4。

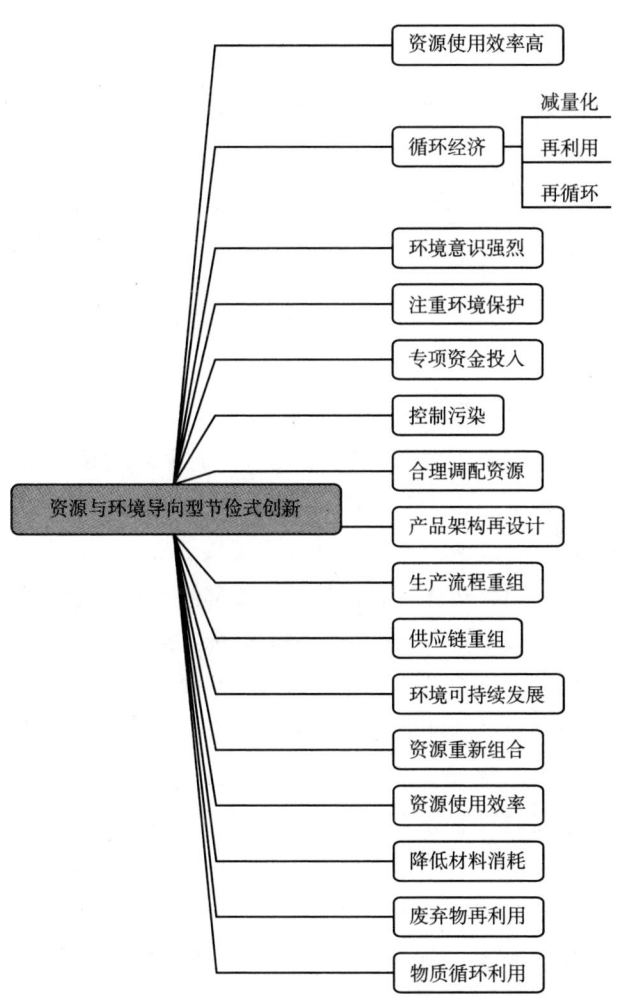

图 4-3 "资源与环境导向型节俭式创新"范畴的开放性编码

资料来源：根据本书研究数据编制。

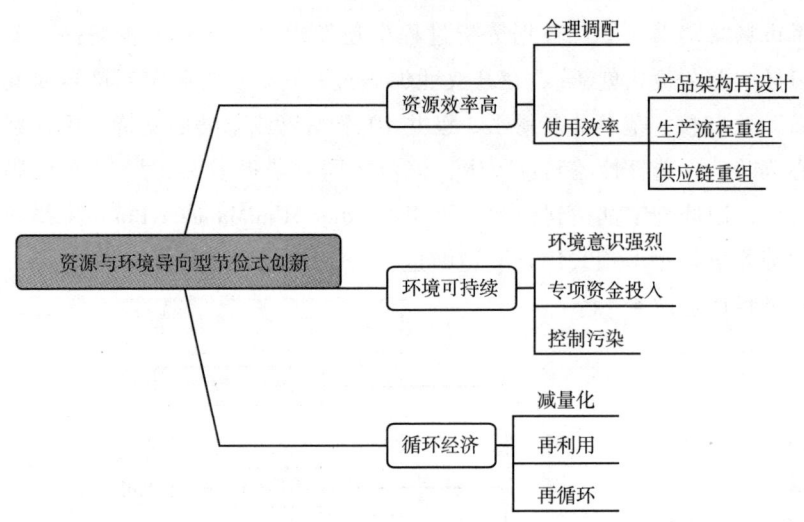

图4-4 "资源与环境导向型节俭式创新"范畴的选择性编码

资料来源：根据本书研究数据编制。

从图4-4选择性编码中可以发现，资源与环境导向型节俭式创新内涵包含以下三个方面：

第一，资源效率高。资源效率指的是每个单位资源所产出的经济、社会、环境等效益的相对数量。要想提高资源效率，企业必须充分高效地管理原材料、设备、能源等资源，尽力降低产品的生产成本，减少过程浪费。研究数据显示，案例企业通过合理调配和提高资源使用效率来提升企业的资源效率。根据目标市场需求，以项目运作方式，打通各个部门界限，采用先进的管理信息系统以及科学技术手段对资源进行统一按需分配。通过对产品架构进行重新设计、生产流程重组以及供应链重组方式提高资源使用效率。产品架构就是根据特定的目标对不同用途的功能要素进行分类整合。产品结构是企业和用户之间的桥梁，根据产品生命周期，尽量做到产品结构在未来的发展、成长以及拓展。生产流程重组强调对业务流程进行根本性重新思考和再设计，实现成本、质量、速度以及服务等方面的持续改善。企业应当从组织结构、业务流程以及管理体系等硬件要素和组织文化、领导风格、沟通方式等软件要素两方面着手进行再思考和重新调整。顾客需求的多样化和个性化，使得诸多企业供应链管理跟不上环境的变化，服务质量下滑严重，迫切需要对供应链进行重组。要求提高预估市场需求能力，保证产品供应能力，彻底重构供应链结构（见表4-7）。

表 4-7　　　　　　　数据 7：资源效率

数据（典型援引）	编码
A 公司谢总：公司被并购以后，我们借助集团的先进管理经验，进一步提升信息化水平，优化管理信息系统，借助于先进的科技手段以优化企业内部资源的合理调配。	资源合理调配
在此基础上，通过一系列的组合拳提高资源使用效率：首先是重新审视企业产品架构，充分考虑到拓展性、成长性以及拆分对象的合理性，进行产品架构的重新设计，最大程度地减少零部件及原材料的使用数量。其次，对整个生产流程的再思考，进行组织结构变革，管理体制完善，健全沟通机制，优化企业文化，实现对流程的重组和再设计，使企业在成本、服务、质量等方面更具有竞争力。	资源使用效率 产品架构再设计 生产流程重组
随着市场需求以及外部环境的变化，我们发现企业的供应链存在的问题日益凸显，供货时间不能同步，供应与需求不相匹配，责任分工也不明确。为此，我们痛下决心，进行供应链变革，多管齐下，提高市场需求的预估能力，完善库存计划流程，构建高效快捷的跨部门协调沟通的价值链，进行供应链的重组。	供应链重组

资料来源：根据本书研究数据编制。

第二，环境可持续。资源和环境导向型节俭式创新强调环境的可持续性，数据显示，开展节俭式创新企业环境意识日益强烈，甚至把追求环境可持续纳入企业文化建设范畴。成立专项资金，更新和完善现有的排污设备。进行技术和工艺升级，减少和控制污染源的排放，真正做一个负责任的企业公民（见表4-8）。

表 4-8　　　　　　　数据 8：环境可持续

数据（典型援引）	编码
D 公司熊董事长、许总：随着国家环保政策的进一步严格，我们企业已经充分认识到了这是大势所趋，企业要发展，就要实现与环境相兼容，我们也一直在努力做一家负责任的企业。如见，我们已经在企业文化建设上增加了环境这方面的内容，要求公司上下在此达成共识，要有环境意识这根弦。专门设立环境专项资金，主要用于更新和完善排污设备。此外，我们也采取了一些措施，如引进新的设备对废料的再利用；更新设备，对"三废"进行二次处理后再排放，尽最大努力降低对环境的污染。	环境意识强烈 专项资金投入 控制污染

资料来源：根据本书研究数据编制。

第三，循环经济。循环经济是资源和环境导向型节俭式创新非常重要的一个特征，强调对物质的循环流动，即以资源的高效和循环利用为核心，注重资源的减量化、再利用以及再循环。减量化强调企业应当通过生产过程中的技术改进和升级，减少生产以及消费环节的能源和物质消耗，从生产的源头开始节省资源，充分提高资源的利用率。案例企业通过引进更先进的生产工艺，对现有技术进行升级改造,或者实施清洁生产技术,减少原材料的使用以及污染物的排放量,很好地体现了减少资源使用量的特点。再利用强调对企业生产的产品以及包装物的反复使用,提高产品的耐用率和反复使用率。再循环提倡对资源尽可能多地进行再利用或者循环利用,鼓励对"废料"的再加工,制成新的使用资源。提倡原级再循环,即将终端消费者所遗弃的废弃物直接再循环生成与原来同样的新产品。或者次级再循环,即将废弃物再循环生产性质不同的其他产品(见表4-9)。

表4-9　　　　　　　　　　数据9:循环经济

数据(典型援引)	编码
C公司林董事长、丁董事长助理:随着客户个性化、定制化需求的逐步扩大,我们公司实施了精细化的节俭工程,如引进了四条智能化生产线进一步提升生产工艺,进行相关技术配套升级,减少材料损耗,提高单位生产产品的的原料使用效率。同时,我们也根据国家的排放标准做了相应污染物的排放处理,尽最大可能地减少污染物的排放。同时,在生产过程环节,我们比较注重对生产产品和包装物的再利用,以提高其利用率。通过原级原级再循环方式,将废弃物再次进入生产环节,再次生产鞋服产品。	资源减量化 资源再利用 资源再循环

资料来源:根据本书研究数据编制。

第二节　节俭式创新动因

节俭式创新的动因是本书试图探索的研究问题之一,企业开展节俭式创新的驱动因素究竟是什么?前一节的研究结论认为节俭式创新包含成本导向型和资源与环境导向型两种不同类型,研究发现,以上两种节俭式创新类型的动因各不相同。

一、成本导向型节俭式创新的动因

通过数据进行分析,研究发现,成本导向型节俭式创新的动因主要有市场、战略、技术三个方面,即市场因素、战略因素、技术因素驱动企业开展成本导向型节俭式创新。

(一)市场驱动因素

本书在案例数据分析过程中发现一个核心范畴——"市场驱动",在开放性编码过程中,"市场驱动"这一核心范畴共获得了 2 级共 13 个编码或范畴的支持,因此判定其为核心范畴。在选择性编码过程中,该范畴同时又获得了 3 级共 7 个编码或范畴的支持,因此判定其达到饱和。运用 Mindjet MindManager Pro 8 思维导图软件对研究数据进行开放性编码获得"市场驱动"范畴的编码过程详见图 4-5,该范畴的选择性编码过程详见图 4-6。

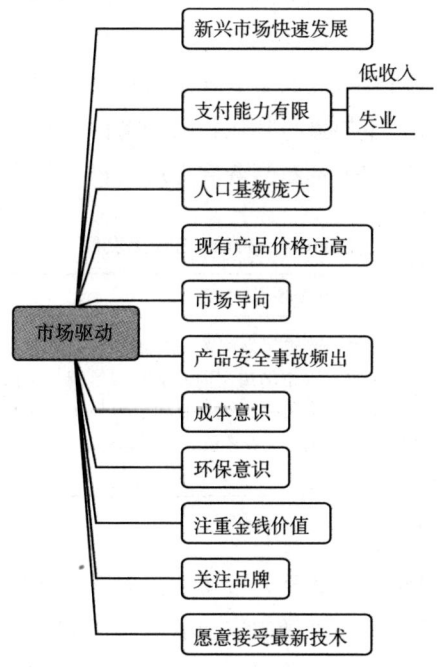

图 4-5 市场驱动的开放性编码

资料来源:根据本书研究数据编制。

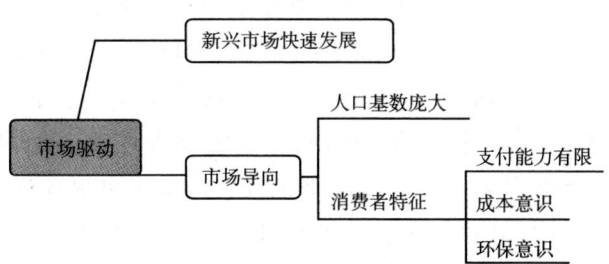

图 4-6 市场驱动的选择性编码

资料来源:根据本书研究数据编制。

由图 4-6 可知，市场驱动是企业开展成本导向型节俭式创新很重要的一个动因，具体表现在新兴市场快速发展以及市场导向两个方面。近年来，受全球金融危机、通胀压力、全球经济增速放缓等多因素影响，许多经济发达国家国内市场需求增长缓慢甚至陷入停滞状态，而印度、墨西哥、中国等新兴市场国家经济保持快速增长的势头。国际货币基金组织（IMF）甚至大胆预测，未来全球经济 70% 的增长将来自于新兴市场，而且大有超过经济发达体增长的势头。特别是 2017 年 9 月 3—5 日在厦门举办的金砖五国领导人会晤，不仅包括了俄罗斯、中国、巴西、印度四个全球最大的新兴国家，还提出"金砖+"概念，要求金砖国家进一步加强与其他新兴经济体以及发展中国家的对话、互动与合作，这种合作机制和平台蕴涵着巨大的商机（见表 4-10）。

表 4-10　　　　　　数据 10：新兴市场快速发展

数据（典型援引）	编码
B 公司李总监：新兴市场的快速发展，吸引了众多跨国公司和本土企业的激烈竞争，我们公司一直以来都非常重视新兴市场国家的业务扩展，例如中国、印度等。一直以来，我们的产品定位在高端市场，现在我们也要做国产化，根据新兴市场的需求制定对应的发展战略，生产消费者能支付得起的足够好的产品，从而实现集团新的经济增长点。	新兴市场快速发展

资料来源：根据本书研究数据编制。

除了新兴市场经济快速发展外，市场本身的特征也是重要的诱因，如人口基数庞大、消费者独特。新兴市场国家包含着占人口绝大多数的低收入人群，即金字塔底层消费者，蕴含着大量尚未被满足的市场需求。Prahalad（2005）指出金字塔底层消费群体代表着迟早将会被释放出来的潜在购买力，蕴含着巨大社会财富。这些低收入消费者将慢慢成为市场上众多消费产品和服务的初次购买者。正是这个庞大的低收入人群，吸引着包括跨国公司和本土企业在内的全球目光，使新兴市场成为竞争的焦点。然而，目前在新兴市场国家，还比较缺乏符合本地消费者需求的高性价比商品，其种类和数量还远不能满足当地市场需求。那些来源于发达国家市场的创新产品和服务远超当地市场消费者的支付水平和能力，即使通过修改调整为低配或低阶版本也很难被接受（London & Hart, 2005）。在新兴市场国家，消费者只需要产品"足够好"即可，因此，必须要求企业为新兴市场国家消费者，尤其是金字塔底层消费者提供价格可承受的质量"足够好"的产品，该逻辑与节俭式创新相吻合（见表 4-11）。

表4-11　　　　　　　　数据11：市场导向

数据（典型援引）	编码
A公司谢总：新兴市场国家，尤其是像中国这样的发展中国家市场，人口众多，有着全世界最大的中等收入人口，蕴含着巨大的市场发展机会。这个细分市场的消费者渴望得到接近全球品质的产品，但不能接受全球标准的价格，加上崇尚节约的消费模式，更加愿意追求物美价廉，要求产品兼具较低的价格和全球水准的质量。这类客户人群数量似乎最多的，因此，在很多包括如印度、巴基斯坦、墨西哥等其他新兴市场国家中机会也是最大的。	人口基数庞大 关注品牌 价格过高 成本意识 金钱价值
B公司李总监：新兴市场国家人口基数庞大，尤其是占有大量的低收入消费群体，他们收入水平有限，有些甚至失业在家，但每个消费者都渴望获得质优价宜的医疗服务，对任何企业特别是医疗企业，都是必争的重要消费市场，具有重大的发展机会。	人口基数庞大 低收入 失业 成本意识

资料来源：根据本书研究数据编制。

（二）战略驱动因素

在案例数据分析过程中发现一个核心范畴——"战略驱动"，在开放性编码过程中，"战略驱动"这一核心范畴共获得了2级共14个编码或范畴的支持，因此判定其为核心范畴。在选择性编码过程中，该范畴同时又获得了3级共11个编码或范畴的支持，因此判定其达到饱和。运用Mindjet MindManager Pro 8思维导图软件对研究数据进行开放性编码获得"战略驱动"范畴的编码过程，详见图4-7，其选择性编码过程详见图4-8。

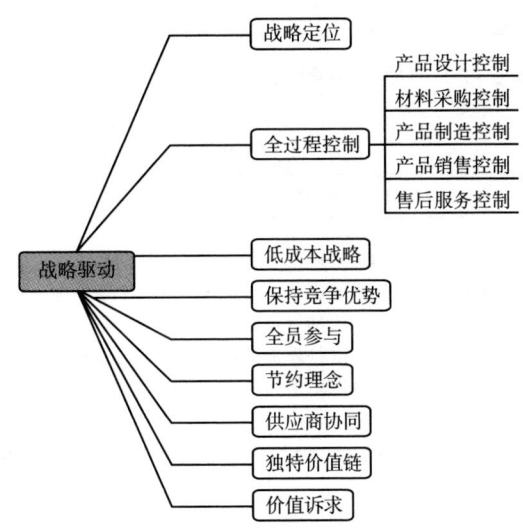

图4-7　战略驱动的开放性编码

资料来源：根据本书研究数据编制。

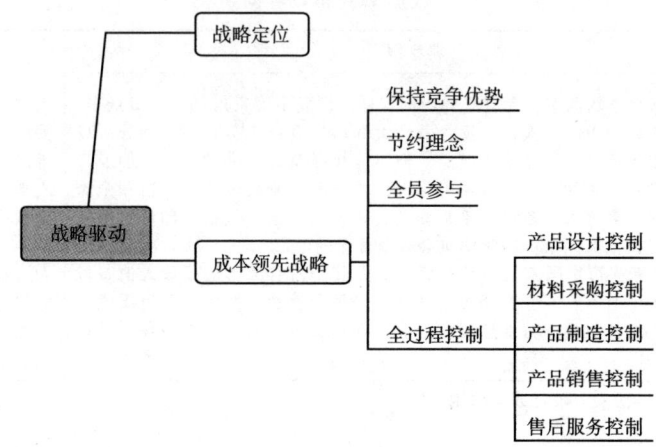

图 4-8　战略驱动的选择性编码

资料来源：根据本书研究数据编制。

根据图 4-8 可知，战略驱动也是成本导向型节俭式创新的一个动因。一方面，企业通过准确的战略定位，明确在新兴市场开展的业务、目标客户、竞争对手以及如何创造价值。正如案例企业 A 定位于经济型叉车市场，B 公司定位于为中国市场提供物美价廉的医疗器械产品，D 企业定位于农村市场生产高性价比的瓷砖辅料产品，C 公司定位于为三四线市场提供经济实惠的体育鞋服产品（见表 4-12）。正如 B 公司李总裁所说的下面这段话（见表 4-12），对中国业务的发展进行了清晰的战略定位。

表 4-12　　　　　　　　　　数据 12：战略定位

数据（典型援引）	编码
B 公司李总裁：中国依旧是集团中长期决策的一个重要市场，我们的优势在高端医疗器械市场，今后要想获得更大更快的成长，必须在巩固金字塔塔顶用户的基础上迅速从顶端走下来，到更广阔的中部以及底部市场发展。但是，从金字塔顶尖走下来，并不是直接对总部产品进行降价销售就可以，需要在中国进行本土的研发和本土生产。同时，与当地医生密切合作，开发出更高性价比的产品，服务于中低端消费者市场。	战略定位

资料来源：根据本书研究数据编制。

另一方面，为保持产品在市场上的成本和竞争优势，企业通过成本领先战略，坚持节约理念，动员全体员工一起努力，提高成本意识，对产品设计、原料采购、产品生产制造、成品销售以及售后服务等经营活动的全过程实施科学管理，使产品的综合成本达到最低，提高产品在行业中的竞争力（见表4-13）。

表4-13　　　　　　　　数据13：成本领先战略

数据（典型援引）	编码
D公司熊董事长：为确保公司产品在同行业中的竞争优势，我们制定了成本领先战略，并写入企业文化，要求全体员工时刻有成本意识，全员参与到低成本战略的实施进程中来，从产品的设计、原料的采购、产品的制造、销售甚至售后服务等整个过程中，我们引进行业领先的管理系统对整个流程进行科学管理和控制，尽最大努力减少过程浪费，节省更多的成本，实现产品的综合成本最低，从而提高产品的竞争能力。其中，在产品设计阶段，我们要求在严格控制预算的前提下，周密规划产品设计，进行科学的研究讨论；在材料采购阶段，我们建立了材料采购的内部控制制度，供应商的档案以及准入制度、价格评价体系等，这些非常有助于降低材料的采购成本；制造环节，通过先进管理系统，控制材料使用量、人工费用以及废品损失等，节省成本；销售环节，我们更多注重与经销商一道，采用合伙人、共享等模式，实现成本的降低；售后服务这块，我们更多的培训代理商，他们直接接触消费者，通过提高代理商的质量和水平，可降低售后服务成本。	成本领先战略 节约意识 全员参与 全过程控制 保持竞争优势 产品设计控制 材料采购控制 产品制造控制 产品销售控制 售后服务控制

资料来源：根据本书研究数据编制。

（三）技术驱动因素

在案例数据分析过程中发现一个核心范畴——"技术驱动"，在开放性编码过程中，"技术驱动"这一核心范畴共获得了2级共14个编码或范畴的支持，因此判定其为核心范畴。在选择性编码过程中，该范畴同时又获得了3级共11个编码或范畴的支持，因此判定其达到饱和。运用Mindjet MindManager Pro 8思维导图软件对研究数据进行开放性编码获得"技术驱动"范畴的编码过程详见图4-9，其选择性编码过程详见图4-10。

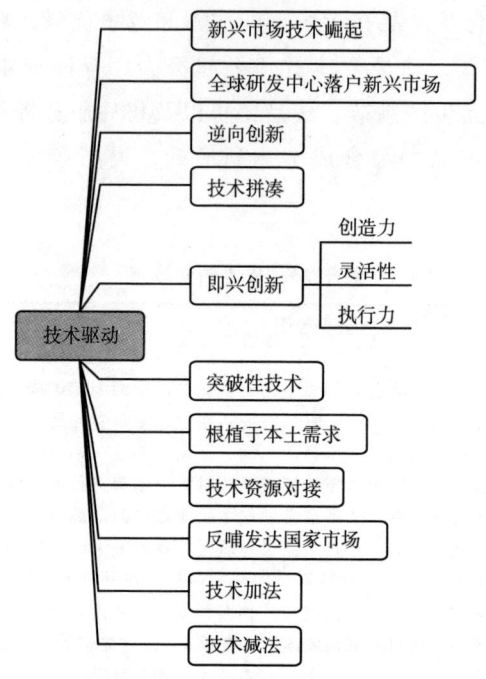

图 4-9　技术驱动的开放性编码

资料来源：根据本书研究数据编制。

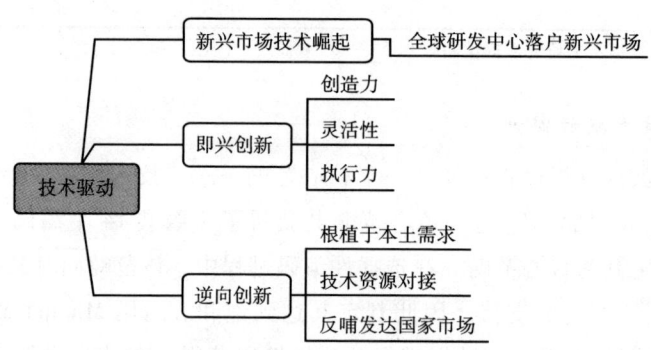

图 4-10　技术驱动的选择性编码

资料来源：根据本书研究数据编制。

从图 4-10 可知，技术因素驱动企业开展成本导向型节俭式创新。首先，新兴市场技术的迅速崛起，导致跨国公司的全球研发中心转移至新兴市场国家。随着新兴市场的快速发展，全球创新版图正发生巨大变化，以欧美等发达经济体主导的局面正在逐渐被以中国、俄罗斯、巴西、印度等为代表的新兴国家迎头赶上，众多跨国公司纷纷将全球研发中心转移至新兴市场，这为节俭式创新提供了基本的技术支撑。如 B 公司于 2012 年 8 月在上海设立了中国研发中心，该中心是除美国本土以外全球最大的综合性研发中心，同年，还在上海设立了上海创新中心。2017 年 10 月在成都设立了该集团公司在中国市场的第二个医疗创新中心。这些研发中心几乎全部的研发人员都实现本土化，而且研发人员被要求深入客户的作业现场，了解客户需求和痛点，提供对应的解决方案。其次，跨国公司根据目标市场的本土需求，进行技术资源对接，为当地市场消费者设计和生产高性价比、功能足够好的产品，经过后续的持续完善和改进，再逆袭发达国家的中高端市场，成功实现逆向创新。根植于本土情境的技术创新，其最大特点就是消费者市场和需求导向，是一种自下而上、以消费者为本、注重成本效益的创新模式（Bhatti，2012），一切以底层消费者需求为中心。刚开始的节俭式创新产品一般比较粗糙和简陋，具有很大的改进空间，在保留产品核心优势的同时兼顾主流市场所关注的性能，直至产品的价值主张符合发达国家市场要求。最后，本土企业通过技术拼凑，凭借着企业内部的创造力、灵活性以及执行力进行即兴创新，为目标市场消费者提供经济实惠的产品和服务（见表 4-14）。

表 4-14　　　　　　　　数据 14：技术驱动

数据（典型援引）	编码
B 公司李总监：近年来，像中国、俄罗斯等新兴市场国家在科研和创新水平大大提高，为配合集团在新兴市场的发展战略，更好的跟当地利益相关者开展协作，集团于 2012 年 8 月在上海设立了中国研发中心和上海创新中心。同时 2017 年 10 月在成都设立了该集团公司在中国市场的第二个医疗创新中心。	新兴市场技术崛起 研发中心落户新兴市场
A 公司王总：从本土客户需求出发，通过科研产生最新概念（new idea），再利用技术实现，最后回到市场以满足目标客户的需求，实现产品价值的最大化。	根植于本土需求 技术资源对接
B 公司大中华区李总裁：过去的 5 年里，我们上海研发中心共开发出 24 个产品，其中多达 22 个产品成功上市，有 17 个产品已经成功销往海外市场，包括欧美的一些发达市场。从市场销售额数据来看，仅有 28% 是来自大中华地区，21% 来自其他新兴市场，其余多达 51% 的销售额来自发达国家。	逆向创新 反哺发达国家市场
A 公司谢总：我们有品牌和技术优势在，但考虑到下层需求，可能有些功能不需要，比如人机工程，那就把它拿掉，但我其他的性能还是保持很好的优势。	技术减法
D 公司熊董事长：我们很善于根据现有的素材进行技术拼凑创新，就像炒一盘菜，你炒你的，我炒我的，但最终什么口味，我们会根据公司现有的技术和战略，进行统一调整。我们有良好的创新文化，提倡全员创新，有新的创意，各部门马上进行讨论可行性，如可行，则可以马上立项，开始运作	技术拼凑 即兴创新 创造力、灵活性、执行力
D 公司熊董事长：刚开始我们技术很粗糙，后来我们跟福州大学一起合作开发新产品，但并不完全依赖对方，更多的东西还需要我们自己进行技术加工和创新完善，在持续完善的过程中，才能产生实质性的突破性技术。	技术加法 突破性技术

资料来源：根据本书研究数据编制。

二、资源与环境导向型节俭式创新的动因

研究发现，资源与环境导向型节俭式创新的动因主要有资源局限、环境、企业家担当三个方面，即资源局限、环境、企业家担当驱动企业开展资源与环境导向型节俭式创新。

（一）资源局限驱动因素

运用 Mindjet MindManager Pro 8 思维导图软件对研究数据进行开放性编码获得"资源局限驱动"范畴的编码过程详见图 4-11，共获得了 2 级共 16 个编码或范畴的支持，因此判定其为核心范畴。其选择性编码过程详见图 4-12，共获得了 3 级共 13 个编码或范畴的支持，因此判定其达到饱和。

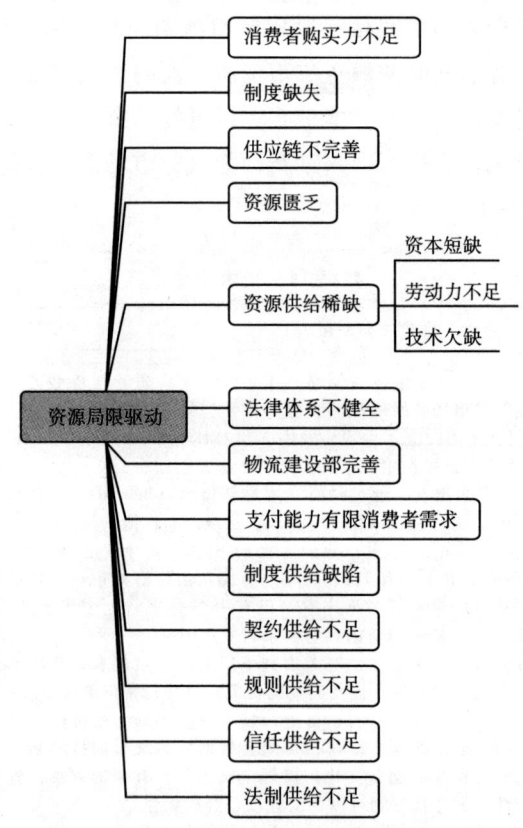

图 4-11 "资源局限驱动"范畴的开放性编码

资料来源：根据本书研究数据编制。

第四章 节俭式创新内涵和动因

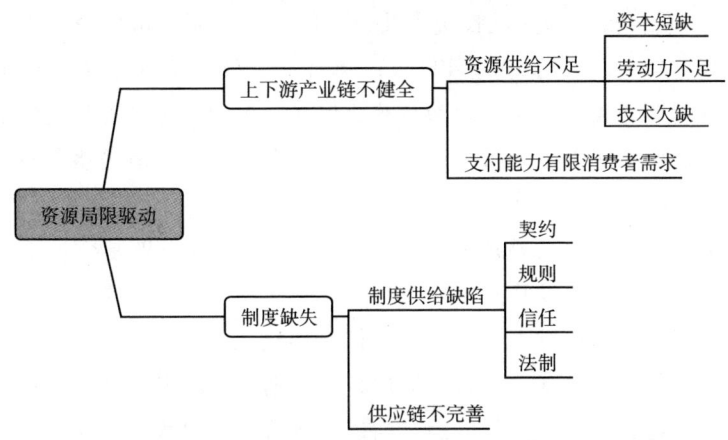

图 4-12　"资源局限驱动"范畴的选择性编码

资料来源：根据本书研究数据编制。

资源基础观理论（RBV）认为，企业核心竞争力取决于资源禀赋，正是资源禀赋致使企业之间的绩效存在差异（Penrose，1959）。企业的资源包括厂房、设备、生产线等有形资源以及专利、技术、品牌、员工经验等无形资源，这些资源是企业获取竞争优势以及利润的根本。然而，现实中每个企业的资源禀赋各不相同，每个企业甚至经常深受资源局限困扰。突破资源约束的方向就是不断创新，寻找低成本、高效率的创新方式。节俭式创新就是在企业受到资源约束时试图通过对资源的高效配置以提高整个流程的效率，实现利润最大化。如今，自然资源稀缺已成常态，新兴市场环境污染严重，迫切需要构建一种生态友好型环境。加上新兴国家的制度环境给企业带来的约束和压力（Sherer，2002），节能减排、高效利用资源效率等相关制度的安排都在引导着企业进行节俭式创新。

从图 4-12 可知，资源与环境导向型节俭式创新的资源局限驱动主要表现在两大方面：其一，产业链上下游两端的资源供给不足与支付能力有限的消费者需求。产业链上游的资源缺乏表现为资本短缺、劳动力不足、技术欠缺。如 C 公司丁董事长助理所介绍："随着移动互联网、大数据、AI 等快速发展，我们鞋服行业也面临重新洗牌，各大企业现在都存在技术亟待升级、劳动力尤其是熟练工的匮乏、资本短缺等问题。"而产业链下游则表现为终端消费者支付能力有限的市场需求。如在我国有高达 1 亿多名慢性肾病患者，这其中有 150 万—200 万名终末期患者，但却只有大约 30 万人能有机会接受血透治疗，主要原因：一是血透设备供应不足，由于血透系统需要耗费大量的水，一次约需

120升水,医院需要专门为此投资十几万元配套中央超纯水处理系统;二是透析费用较高,一次透析约300—400元,每月近5000元,患者无力承担。

其二,制度缺失。主要表现为契约、信任、规则与法制等制度供给缺陷以及供应链的建设不完善。新兴市场正处于快速发展时期,但仍然存在着诸多问题。制度供给不足,如法律体系不完善,表现为契约、规则、法制等不健全。正如B公司大中华区李总裁所介绍:"新兴市场国家的发展基数各不相同,但大部分还存在一些基础设施建设不完善的问题,如印度、南非等市场,法律体系不健全、企业生产规章不完善、物流供应链建设不足等。"正是存在以上诸多资源局限,企业需要基于新兴市场现状,根据市场需求有针对性地开展节俭式创新,提供物美价廉的产品以满足当地市场需求(见表4–15)。

表4–15　　　　　　　数据15:资源局限驱动

数据(典型援引)	编码
A公司王总:正是因为不同的周期会出现不同资源的缺乏,倒逼我们管理者在做战略和预算时要统筹兼顾,采用更有效的方式获得更大的产出。	资源匮乏
B公司李总监:面对资源约束,我们很善于依托当地的技术力量,与当地的医生密切合作,充分调研消费市场,尤其是患者,针对购买力有限的消费需求,然后根据已有的资源有针对性地进行产品创新。	消费者购买力不足
C公司林董事长:在移动互联网、大数据以及人工智能的新形势下,我们鞋服企业普遍存在技术不足、劳动力匮乏、资本短缺等资源供给问题。公司将整合行业资源,紧扣市场需求,开展即兴创新,提供更多物美价廉的产品满足消费者需求。	技术欠缺、劳动力不足、资本短缺 资源供给稀缺
B公司李总裁:虽然新兴市场处于快速发展,但还是存在供应链不健全、法律体系不完善、基础设施薄弱等问题,因此,我们必须针对契约、规则、法制不完善等问题,根据当地消费者需求,进行商业模式创新和技术对接,提供顾客消费得起的产品和服务。	供应链不完善 制度缺失 契约、规则、法制不完善

资料来源:根据本书研究数据编制。

(二)环境驱动因素

"环境驱动"范畴在开放性编码过程中共获得了2级共14个编码或范畴的支持,因此判定其为核心范畴。在选择性编码过程中,该范畴获得了3级共10个编码或范畴的支持,因此判定其达到饱和。运用Mindjet MindManager Pro 8思维导图软件进行开放性编码和选择性编码过程分别见图4–13和图4–14。

第四章 节俭式创新内涵和动因

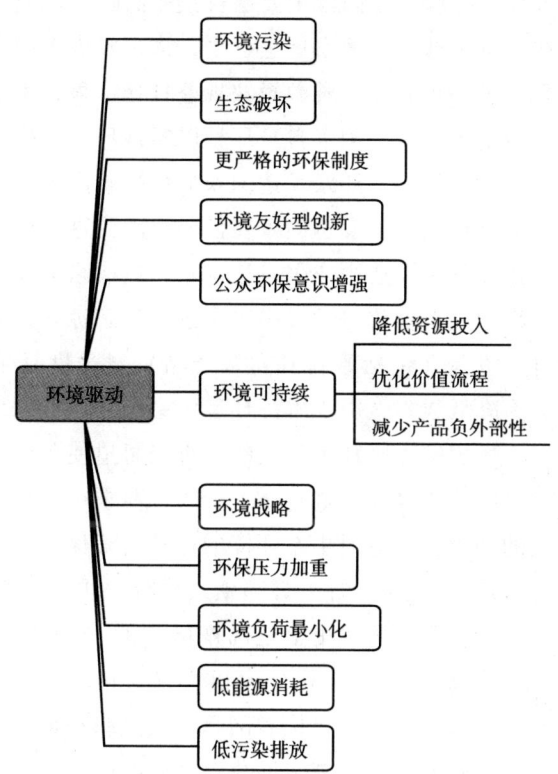

图 4-13 "环境驱动"范畴的开放性编码

资料来源：根据本书研究数据编制。

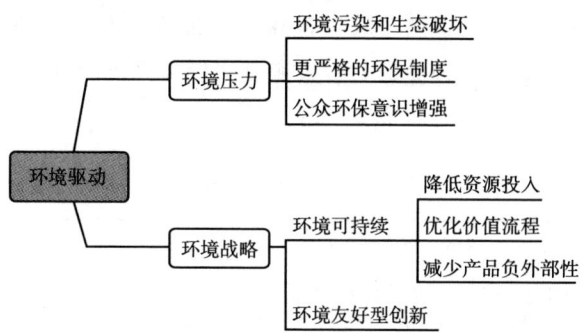

图 4-14 "环境驱动"范畴的选择性编码

资料来源：根据本书研究数据编制。

由图 4-14 可知，环境驱动因素主要源自企业面临的环境压力以及由此采取的环境战略。在经济全球化快速发展进程中，许多发展中国家过度追求经济增长，导致生态环境进一步恶化，资源短缺现象日趋明显，生态破坏以及环境污染严重。这除了归结于发展中国家自身那种以牺牲环境为代价追求经济的粗放型增长方式以外，很大程度上还跟发达国家的环境剥削密不可分：一是在以发达国家主导的经济全球化中，发达国家在世界范围内进行产业结构调整，把高污染、高耗能行业转移至发展中或欠发达国家，造成当地环境恶化；二是发达国家借助国际贸易的强势地位对发展中国家进行生态掠夺，导致发展中国家具有比较优势的自然资源（包括原料及初级产品）被过度开采，生态破坏严重；三是发达国家为降低成本，减少本国环境污染，直接输出垃圾至发展中或欠发达国家。新兴市场国家面临环境污染的严重威胁迫使各国政府出台更加严厉的政策，制定严格的法规制度，规范企业行为，要求企业在经营过程中，在保持经济健康发展的同时，注重对生态环境的保护，确保环境保护和能源使用更具有效率。如我国从 2015 年 1 月 1 日起正式执行"史上最严"的新《环保法》。2017 年 2 月，国家成立了"史上最高规格"的 18 个环保督查组，由环保部部长及 3 位副部长亲自带队，赴全国相关省（市）专项督查空气质量，令各制造企业战栗。一些非营利性机构和国际相关组织在世界范围内强烈呼吁关注和重视环境保护，因此，越来越多的公众开始响应，环保意识不断增强。

面临以上的外部形势，企业需要重视并充分考虑创新行为、过程以及结果对环境所带来的影响，在取得突破创新的同时保护生态环境。坚持环境友好型创新，注重发展过程中获得高经济收益的同时实现低能源消耗和低污染排放。注重环境可持续性，降低资源投入，优化内部价值流程，减少产品负外部性，进行模式创新，探索出一种能够节省资源又能增加产出的创新模式，这正好契合节俭式创新的思维逻辑（见表 4-16）。

表 4-16　　　　　　　　　数据 16：环境驱动

数据（典型援引）	编码
D 公司许总：2015 年开始至今，环保处于高压状态，环保一票否决制，跟信贷、企业授信等息息相关。2017 年环保政策持续发威，很多行业甚至"一企一证"，环保不达标，全部业务停工，很多资金不足的中小企业都关门倒闭。	更严格的环保制度

续表

数据（典型援引）	编码
B公司李总监：新兴市场的快速发展，给我们带来了很大的发展机遇，但由于一些历史原因，导致新兴市场环境污染和生态破坏严重，作为一家负责任的跨国公司，我们一直有自身的环境战略，坚持环境可持续发展道路，提倡环境友好型创新，在实现发展的同时减少资源消耗，优化内部价值流程，降低产品对环境的负面影响。	环境污染、生态破坏 环境可持续 环境友好型创新 降低资源投入 优化价值流程 减少产品负外部性
C公司丁董事长助理：现在，我们消费者的环保意识已经逐渐增强，加上企业面临的环保压力剧增，我们公司也采取了对应措施，现在都在按部就班的实施，我们是企业公民，有责任降低企业行为对环境带来的负荷。	公众环保意识增强 环保压力 环境负荷最小化

资料来源：根据本书研究数据编制。

（三）企业家担当驱动因素

"企业家担当驱动"范畴在开放性编码过程中共获得了2级共14个编码或范畴的支持，因此判定其为核心范畴。在选择性编码过程中，该范畴获得了3级共11个编码或范畴的支持，因此判定其达到饱和。运用Mindjet MindManager Pro 8思维导图软件进行开放性编码和选择性编码过程分别见图4-15和图4-16。

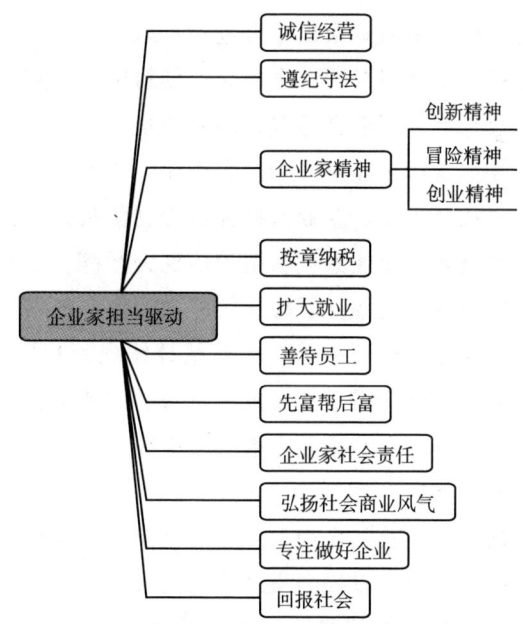

图4-15 企业家担当驱动的开放性编码

资料来源：根据本书研究数据编制。

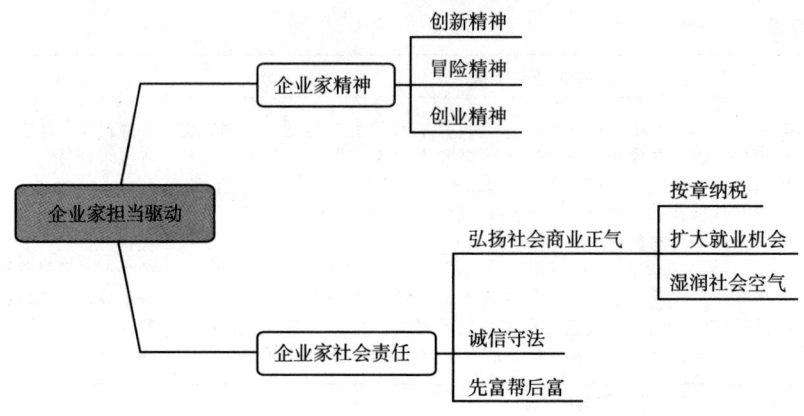

图 4-16 企业家担当驱动的选择性编码
资料来源：根据本书研究数据编制。

由图 4-16 可知，企业家担当驱动因素主要表现在企业家精神以及企业家社会责任两方面。众所周知，企业家是一个企业的灵魂，是社会创新的主体，也是社会改革的重要力量，是推动整个社会发展进步的生力军。因此，企业家是企业乃至整个社会非常重要的一种资源。当前，中国的企业家正处在一个好的年代，党的十九大报告中明确指出，要进一步激发和保护企业家精神，积极引导和鼓励更多的社会主体投身到整个社会的创新创业大潮。今后将会有更多利好的举措陆续出台，旨在营造良好健康的企业家成长环境，努力弘扬优秀的企业家精神，以更好地发挥企业家影响力和作用。因此，面向未来，我们呼唤企业家精神和企业家社会责任。企业家精神包含创新精神、冒险精神、创业精神。创新是企业家的灵魂，企业家创新精神体现为开辟一个崭新的市场、引入新的产品、实施新的管理模式等。冒险精神体现为企业战略的制定及实施、新技术的开发及运用、新市场的开拓等。创业精神体现为积极进取、顽强奋斗、勤俭节约等精神风貌。企业家需要充分发挥自身的创新精神、冒险精神、创业精神，积极开拓新兴市场，尤其是金字塔底层市场，为当地消费者提供支付得起的足够好的产品与服务。

此外，企业家社会责任首先应当专注做好企业，弘扬社会商业正气。按章纳税，创造更多的就业机会，以提高当地居民的收入水平。湿润社会空气是企业家义不容辞的责任，传递正能量，为未来的孩子树立一个很好的榜样。其次，注重遵纪守法、诚信经商，严格自律，不炫富，不做不耻之事。最后，先富帮后富。企业家先富起来，要积极发挥自身的影响力，尽自己的责任，带动大家一起富裕，以促进整合社会更加和谐，这样也更有利于将企业做得更好（见表4-17）。

表4-17　　　　　　　数据17：企业家担当驱动

数据（典型援引）	编码
D公司熊董事长："作为企业家，我们首要任务和最大的责任就是要诚信、守法，尽最大努力把自己的企业办好，通过不断创新，提供更多的就业岗位，为整个社会创造财富，为更多的消费者尤其是底层消费者生产高性价比的产品，满足其需要。"……"我们一开始就决心投身实业，到现在已经10年了，这个过程很困难也很艰险，我们需要经得住外界的诱惑，耐得住寂寞。企业家精神最核心的就是要坚持，坚持创新、不断冒险、持续创业，任何大企业都是在不断坚持的过程中走向成功的。"	诚信经商、遵纪守法 专注做好企业 扩大就业机会 回报社会 创新精神 冒险精神、创业精神
D公司许总：我们公司视员工为家人，通过合伙人、众筹等模式吸纳更多的企业合伙人，让他们也称为企业的股东，调动他们的积极性，有钱大家一起赚。	善待员工 先富帮后富
B公司李总监：作为一家负责任的跨国公司，我们一直按照当地法律法规，诚信经营，及时纳税。努力与当地医生开展密切合作，依托本土工程师技术力量为当地市场"量身定制"产品和服务。依据集团发展业务，增设更多就业机会。	守法、诚信 按章纳税 扩大就业

资料来源：根据本书研究数据编制。

第三节　节俭式创新内涵及动因的讨论

一、节俭式创新内涵的讨论

前文的扎根研究发现，节俭式创新分为成本导向型节俭式创新和资源与环境导向型节俭式创新两类，节俭式创新内涵的理论性编码见图4-17。成本导向型节俭式创新具有标准化管理、模块化制造、大规模定制以及维护成本低等内涵特征，而资源与环境导向型节俭式创新具有注重资源效率、提倡环境可持续以及发展循环经济等内涵特征。从以上两种节俭式创新类型的具体内涵来看，本书认为成本导向型节俭式创新更多是通过标准化管理、模块化制造、大规模定制以及产品的低维护成本等尽可能地降低产品成本。需要强调的是，这里的产品成本并非只是生产成本，而是通过在整条价值链各个环节的成本控制，降低消费者对产品的总体拥有成本，提高产品价格——性能体系，即高性价比。这也进一步验证了 Tiwari & Herstatt（2012a）的观点。因此，基于金字塔底层市场消费者有限的购买能力，本书认为成本导向型节俭式创新比较适用于新兴市场中的金字塔底层市场（BOP 市场）。而资源与环境导向节俭式创新更多是从资源高效利用以及环境影响角度出发，考虑资源、环境以及发展的可持续性。这也进一步验证和拓宽了 Prahalad & Mashelkar（2010）基于资源使用视角以及 Bhatti（2012）基于运营视角的节俭式创新研究。因此，使用范围比成本导向型节俭式创新更加广泛，适用于整个新兴市场。

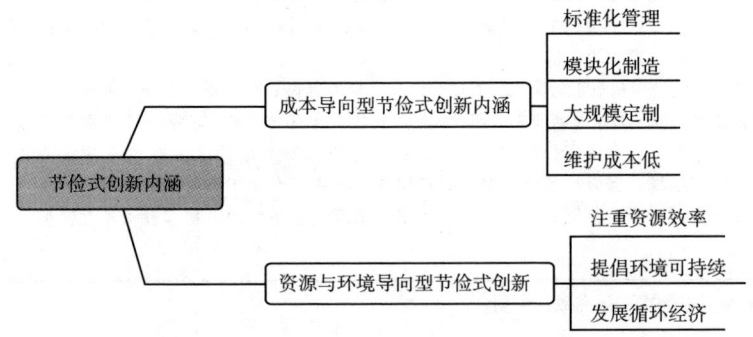

图 4-17　节俭式创新内涵的理论性编码

资料来源：根据本书研究数据编制。

二、节俭式创新动因的讨论

节俭式创新两种类型的动因有所不同，应当区别对待。节俭式创新动因的理论性编码见图 4-18。研究发现，成本导向型节俭式创新动因主要包括市场驱动、战略驱动、技术驱动三类因素。市场驱动因素表现为新兴市场庞大的人口基础以及支付能力有限、饱具成本与环保意识的消费者特征；战略驱动因素表现为企业自身对于新兴市场发展的战略定位以及为此制定注重节约、全员参与、全过程控制的成本领先战略；技术驱动因素表现为新兴市场技术的迅速崛起，富有创新力、灵活性、执行力的即兴创新，以及根植于本土需求、反哺发达国家市场的逆向创新。资源与环境导向型节俭式创新动因包括资源局限驱动、环境驱动、企业家担当驱动三类因素。资源局限驱动表现为上游产业链资本、劳动力、技术的有限供给与支付能力有限的个体消费者需求，下游产业链契约、信任、规则、法制的供给缺陷与供应链的获取需求；环境驱动因素表现为日益增大的环保压力、注重环境可持续的环境战略；企业家担当驱动因素表现为注重创新、冒险、创业的企业家精神，以及企业家应尽的社会责任。下面将对这些动因展开进一步的讨论。

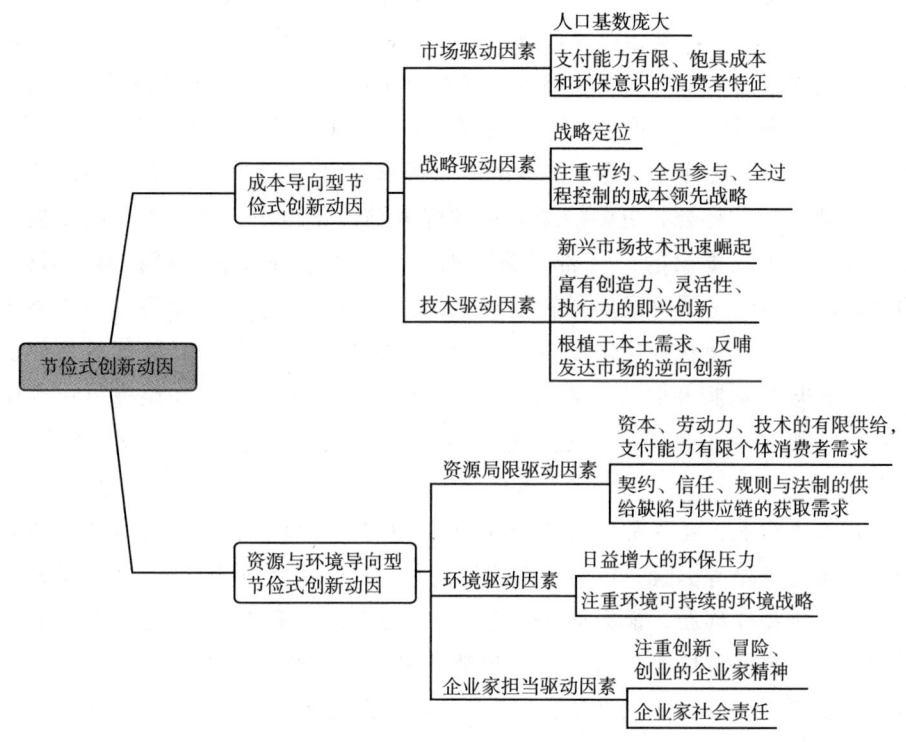

图 4-18　节俭式创新动因的理论性编码

资料来源：根据本书研究数据编制。

（一）市场驱动因素的讨论

正如前文所述，作为一种低成本、高效率的创新模式，节俭式创新越来越受到全球企业的关注。金字塔底层蕴含着巨大的社会财富，代表着尚未被释放的巨大购买力（Prahalad，2005）。而新兴市场国家有着占人口绝大多数的中低收入人群，隐藏着巨大的市场需求，吸引着众多跨国公司和本土企业目光，成为众多企业竞争的焦点。但受制于有限的支付能力，底层消费者无法承担高质量、高性能产品，需要企业针对当地消费市场需求进行研发设计，提供居民能够支付得起的（affordable）、"足够好的"（good-enough）产品与服务（Hang，Chen & Subramian，2010）。基于此，本书认为，庞大的人口基数和市场消费者特征是驱动企业在新兴市场开展节俭式创新的市场推动力量。这也支持了邢小强、葛沪飞（2015）的观点，但已有文献尚未开展基于跨国公司和本土企业的对比案例研究，并未揭示出两者开展节俭式创新市场驱动因素背后的真实内在动机。本书认为，跨国公司由于受到全球金融危机以及通胀压力影响，经济增长缓慢，发达国家市场需求止步不前，因此，急需开拓其他市场以改变发达国家高端市场的发展颓势。与此相反，以中国、墨西哥、印度等为代表的新兴市场国家经济保持着快速发展势头，尤其是金砖五国，包含俄罗斯、中国、巴西、印度四个世界上最大的新兴国家。自 2017 年金砖会议提出"金砖+"概念后，将会有更多的新兴市场国家加入该组织，具有更多的发展机会。此外，中国提出的"一带一路"倡议，包含着巨大的发展机遇。因此，诸多跨国公司纷纷调整战略，转换阵地，加速推进在新兴国家市场的战略布局。不仅如此，随着发达国家市场中产阶级的财富增长停滞，跨国巨头凭借着全球市场的视野和野心，将为本土市场消费者研制的产品和服务出口到同类新兴市场国家，甚至是发达国家市场，将东道国打造成为"反向的"出口基地。

而本土企业，尤其是像案例企业 D 这种初创企业，受制于自身的资源局限以及市场定位等因素，更多考虑的是企业自身的生存问题，为了把企业发展更好，必须持续创新，根据自身战略定位，结合市场消费者需求，通过这种低成本、高效率的节俭式创新模式，为消费者提供高性价比的实用型产品和服务。正如 D 企业熊董事长所言："我们的目标在就是发展，发展是硬道理。所以，我更多关心的是企业发展是否健康和可持续。我们只有深耕本土市场，紧紧围绕市场需求，坚持创新和投入，企业才能做大做强。"

（二）战略驱动因素的讨论

为争夺新兴市场更多的市场份额，众多企业纷纷进行战略转型或战略升级，在新兴国家市场开展节俭式创新，为当地消费者提供高性价比的产品和服务。许多跨国公司一直以来的优势都是在金字塔的顶部，即高端消费群体。但随着发达国家市场经济发展的不景气和萎缩以及中产阶层财富增长停滞，跨国公司认识到需要赶快从金字塔顶部走到中底部，参与到具有更多发展机遇的新兴国家市场的竞争中去。因此，跨国公司在新兴市场开展业务更多是一种"自上而下"的战略布局。正如 B 公司大中华区李总裁所说："我们原来的优势一直都在金字塔市场顶部，要想获得更大的成长，必须在稳固塔尖用户的前提下，快速深入更广阔的金字塔中部、底部发展。" B 公司很早就明白了需要更快地深入新兴市场发展,但他们知道,并不是单纯降低价格就能够抢占更多市场。经过充分的市场调研以及对中国当地政策的深入研究发现,诸多政策都倾向于扶植本地自主创新,因此,李总裁认识到战略转变的关键点,即需要在中国进行本土研发和生产。为此,在本土成立研发中心和投资并购以及以低成本战略抢占中低端医疗器械市场,实现了集团在中国市场的飞速发展。这支持了潘迪、彭纪生(2013)的部分观点,即非市场战略的实施非常有利于企业对一些关键资源的获取,进而提升创新绩效。

新兴市场中小企业由于受制于资本、技术等因素,在初创时期就将目标客户定位于金字塔底层消费群体,随着企业的稳步发展,慢慢向金字塔中部市场进军。因此,呈现一种"自下而上"战略布局特征。正如案例D企业,初创时期将目标定位于农村家装市场,考虑到当时农村市场支付能力有限,因此,生产"美耐德"品牌系列经济型瓷砖辅材,防水、油漆辅材等相关产品,注重高性价比。随着市场培育的逐渐成熟以及品牌知名度和美誉度的提高,公司创立"家天下"品牌,定位于中高端客户市场,实现产品对市场的全覆盖。通过实施成本领先战略,确保资源以更高的效率和效果为目标市场服务,有助于形成企业长期的核心竞争力。在此过程中,企业往往采用市场渗透、市场开拓、混合市场等市场战略。但企业的资源整合能力,即企业结合自身资源禀赋,从组织外部获取必需的资源,进行消化吸收,实现组织内外部资源的有机整合(易朝辉,2010),将极大地提升企业的节俭式创新绩效。这似乎与潘迪、彭纪生(2013)的观点有些出入。他们认为,企业资源整合能力对资源获取的深度与创新绩效之间的关系起调节作用。

(三)技术驱动因素的讨论

新兴国家市场具有巨大的市场需求,为满足消费者的这些需求,要求企业具备将这些需求转化为现实产品和服务的技术。因此,技术是企业获取竞争优势非常重要的支撑力量,是实现满足客户需求的产品性能之核心要素。正因为认识到技术的重要性,很多企业不断加大对新技术研发的资源投入。但要注意到,节俭式创新主要面对的是中低收入消费者尚未被满足的需求,从技术实现角度,并非要求技术过于先进,有时技术进步会超过市场上消费者愿意抑或是能够支付的范围。因此,本书研究认为,应当根据市场特点和需求对现有技术进行重组或创造性改造。企业在开展节俭式创新时,在技术上应当充分了解本土市场需求,基于本土情境进行技术创新,选择一种跟目标消费者所在地经济发展水平和资源条件相匹配的技术组合。这点也支持了邢小强、葛沪飞(2015)

的观点，但他们并未详细解释技术驱动具体的内在逻辑。

本书认为，一些跨国公司在加码科研的基础上对技术做减法，以更好地适应市场需求。实施本土研发和生产，与当地技术团队密切合作，推动了移动通信及互联网、云计算、新能源等技术的进一步发展，使企业在创新过程中直接跨越原有的技术基础使用前沿技术（Rao，2013）。正如案例企业 B 公司结合便携的移动技术开发出新的医疗器械，协助医生远程诊断、治疗以及监测病患，降低了病人看病成本，缓解医院床位、医生等诸多资源紧缺问题。充分利用自身的技术优势，结合新兴市场消费者的需求，通过对原有的高端技术做减法，结合当地市场的资源条件进行创造性重组，以较低的开发成本提供符合市场需求的产品和服务。正如印度的塔塔化工，将银纳米技术粒子与当地的稻壳灰（稻壳可用作生物质燃料替代太阳能光伏发电）结合研发出环保的净水装置，大大降低了生产成本。此外，基于全球视野和野心，将刚开始在新兴市场研发的稍显简陋和粗糙的产品进行优化和改进，出口到一些中高端市场，甚至反哺发达国家市场，从而实现逆向创新，这也进一步验证了 Immelt et al.（2009）的观点。

新兴市场本土企业基于现有技术进行拼凑和创新提升，对技术做加法。本土企业更加熟悉当地市场需求，对技术和研发同样看重，但更多是一种基于现有技术和资源的拼凑，开展富有创造力、灵活性、执行力的即兴创新。不断加大研发投入，注重对技术人员的培训。在新产品开发过程中，技术人员的即兴学习能力以及组织原有的经验积累起了很关键的作用。这支持了应瑛、刘洋（2015）的观点，他们认为组织经验、即兴学习与试验学习三者之间的循环是本土企业节俭式创新产生的努力模式。但他们并未注意到企业内部创新文化在节俭式创新过程中起的作用。通过研究案例企业发现，创新文化氛围越浓厚的企业的节俭式创新效果更加显著。

（四）资源局限驱动因素的讨论

众所周知，与发达国家市场相比，新兴国家中低端市场存在资源约束、制度缺失、基础设施相对不完善等不足，消费者购买力低下，但社会整体消费需求庞大。因此，新兴国家这些市场特征驱动跨国公司和本土企业追寻新的创新范式以提升产品竞争力（Bhatti & Ventresca，2012）。节俭式创新正是一种基于新兴市场环境特征约束下的创新范式，在供给层面面临自然资源、资本、劳动力、技术、制度、基础设施等的限制，在需求层面面临当地消费者有限的支付能力的限制。正如刘宝（2017）研究指出，节俭式创新是企业针对条件和环境所作出的一种创新性和主动性回应，是一种条件约束诱致型创新。这种创新范式一度引起跨国公司和本土企业的广泛关注和积极倡导，面对资源局限，企业开展节俭式创新更需要具备对已有资源的拼凑能力和产品的节俭设计能力。

"拼凑"一词最早被 Lévi–Strauss（1966）用来描述"根据手头上已有的东西进行创作"这种现象，后来 Baker & Nelso（2005）将该理念运用到企业创新活动上，认为企业通过对已有资源的重新整合和利用，实现资源节约和产品生产。因此，拼凑创新本质上是一种由资源局限所驱动，注重对手头已有资源的重新组合，进而创造价值的过程。这也支持了张军等（2017）的观点。但需要指出的是，拼凑创新与节俭式创新的本质区别在于，拼凑创新往往只是局限于现有资源进行被动式创新。因此，本书认为，开展节俭式创新应当在主动创新基础上，提高企业利用现有技术对资源的拼凑整合能力。

产品的节俭设计能力是一种企业对产品设计能力的综合提升。它并不是对原有产品进行简单的功能删减，因为这样并没有改变原有的产品架构以及内在逻辑的发挥机制。节俭式创新要求企业在准确把握客户需求的前提下，对产品重新设计。遵循同时兼顾价格和性能原则，即在优先考虑降低成本之际，能够具备满足市场客户所需的关键性能。如在确保质量的基础上缩小尺寸，删减不必要零部件，使用更经济的零部件等；甚至对产品架构本身进行重设和系统反思，以建构产品功能的新逻辑；抑或是更换模块或增添新功能等，满足不同消费群体的需求。这些都支持了邢小强、葛沪飞（2015）对产品重构阐述的观点。因此，节俭式创新非常强调客户需求，注重基于市场需求的产品重构，是一种自下而上的设计理念和思路，对技术提出了更高的要求。

（五）环境驱动因素的讨论

资源依赖理论强调，企业依赖于外部环境中的诸多权变因素（Pfeffer，1978），是一个完全开放的系统，高管在调整及制定战略决策时会受到这些因素的影响（Li & Atuahene–Gima, 2001）。在经济全球化发展进程中，发达国家的"洋垃圾"出口以及发展中国家的粗放型经济发展模式，使得新兴市场国家生态环境恶化和资源短缺现象日益明显，生态破坏和环境污染问题严重，环保压力日益增大。尤其是近几年，中国雾霾现象空前严重。受此影响，中国政府制定了更加严格的环境保护及能源效率规章制度。在此背景下，企业必须充分考虑整个创新过程和结果对外界环境造成的影响，力求在获取节俭式创新成效的同时保护生态环境，促进社会经济的良性发展。

企业在新兴市场开展节俭式创新会面临日趋严厉的环保政策及环境的可持续要求，需要在严厉的环保政策框架内寻求突破，实现创新与环境的兼顾和平衡。如案例 B 企业专门针对新兴国家市场所研发的便携式血透设备，使透析一次的耗水量从 120 升降至 10 升，医院无须专门配套相应的中央超纯水处理系统，从而大幅降低了患者透析的费用。而且，操作界面友好，患者可以根据说明书自行操作，方便快捷，很好地满足了新兴市场慢性肾病患者对血透设备小型化、便携化、家庭化的共性需求。另外，印度塔塔集团充分利用当地盛产的稻壳灰用作生物质燃料，以代替昂贵的太阳能光伏进行发电；结合银纳米技术粒子研制出新型过滤器，在大幅降低生产成本的同时保护生态环境。因此，企业在新的管理实践中，通过节俭式创新，有效控制对自然资源的消耗以及生态的破坏，让自己的经营行为适应社会规范，走可持续发展之路，使企业建立更长远的竞争优势。

（六）企业家驱动因素的讨论

张军（2017）认为节俭式创新应当是包容性创新的一种操作化形式，是其价值理念在实践中的延伸。而包容性创新是一种以增进经济福利和促进社会公平为目的而为金字塔底层市场提供产品和服务的创新。其本质是一种基于资源局限条件下以社会公平公正为导向，注重社会包容和可持续增长的创新模式。George et al.（2012）呼吁更多的节俭式创新应当以更加包容的方式为金字塔底层消费者群体创造更多价值，以减少社会的贫富差距，从而实现社会更加平等。企业家是社会的创新主体，是推动整个社会发展进步的生力军，企业家应当充分发扬企业家精神，勇于担当，具有敢为天下先的勇气和智慧。阿里巴巴董事局前主席马云经常提到，这个世界从来不缺钱，唯独缺失企业家精神、企业家的价值观以及企业家的梦想。因此，整个社会需要积极引导和激发企业家精神，大力营造良好的企业家成长环境，弘扬优秀的企业家精神。

企业家精神，从个体特性角度看首先是一种不断创新的精神（熊彼特，1975）。从行为特性角度看，有熊彼特的创新导向（即围绕创新展开系列活动）、德鲁克的机会把握导向（即需求对已经存在机会的把握）、萨伊的价值创造导向（即将经济资源转移到生产率较高以及产量较大的领域）以及马歇尔的市场平衡导向（即消除市场不均衡的一种特殊力量）四种不同视角的企业家精神。但 Gartner（1988）认为，归根结底，行动能力是企业家精神的本质，而个性特征只是其行为的一种辅助。当前，中国的企业家正处于一个好的时代，国家不断出台诸多利好政策，营造健康的企业家营商环境。企业家更应该抓住大好时机，发扬企业家的担当、责任意识，基于自身企业的战略，适应市场，积极规避和应对外部风险，创新机制，谋求可持续发展。通过开展节俭式创新，进一步促进整个社会的包容性增长，以实现创新福利的社会共享。

第五章 节俭式创新的价值创造

第四章详细探索了节俭式创新的动因。本章将基于学者黄卫伟（2003）提出的商业模式框架，论述节俭式创新的价值创造过程。案例研究方法最适合用于探讨并回答"为什么（why）"和"怎么样（how）"的问题（Yin，1994）。而对节俭式创新的价值创造的探讨正好属于"怎么样（how）"的范畴。因此，本章适合选用多案例研究方法进一步探索节俭式创新的价值创造过程。

第一节 数据编码与分析

课题组辅助人员协助将来自不同渠道的数据，包括高层面对面访谈录音和直接观察所获得的一手资料，以及官方、媒体新闻报道、理论文献等二手资料全部整理转换成文本文档，共计12万字。笔者经过认真的校对审核，将这些文本文档进行编码。本书借鉴 Yin（2008）提出的探索式案例研究方法编码思路，采用数据编码及归类的方法对经过归纳和整理并经过验证的案例企业文本数据进行开放式编码分析。为进一步提高文本文档的解释效度，本书由包括笔者在内的课题组4位成员进行背对背的独立编码。首先告知所有编码成员本书的研究问题，然后每位编码成员根据研究问题各自认真阅读和分析文本文档，从中提炼出相关的主要概念，进而梳理出各个主要概念相互间的内在逻辑关系。接着，4位成员对研究数据的编码结果进行对比分析，针对结果不一致的地方展开充分讨论。当一位成员提出不同观点时，其他成员扮演反驳者或支持者的角色，进行不断的质疑和相互验证补充，推翻或修正原有观点，直至所有成员达成一致意见。这种基于团队合作的编码方式，不仅能够尽可能地减少由个人偏见和主观带来的结论片面性，而且能有效确保所获取资料信息的完整性（毛基业、张霞，2008）。在具体的分析过程中，对于存在矛盾或者有疑点之处，重新回归原始资料进行确认，抑或是以电话回访的方式通过案例企业相关人员进行补充和完善。

本书的整个编码需要遵循以下原则：（1）来自同一个受访对象相同抑或相类似的观点只能算作一个证据条目；（2）编码结果的充分讨论，编码成员对编码结果中的异议或矛盾之处，需要回归原始文件进行再次确认，或者电话回访案例企业相关人员进行敲定，确保最后意见一致；（3）若初始编码错误，需要组织编码成员结合已有资料重新讨论，达成一致意见进行相应的修正；（4）对于不同编码成员在编码过程中出现的新发现，也需要认真加以讨论，整合和补充到相关资料范畴中。

具体的编码过程：首先，遵循卡麦兹（2009）的观点，根据不同的资料来源对本书的案例数据进行初始编码（初始编码来源分类及数据分类见表5-1）。其次，通过初始编码进行原始数据资料的概念化，再把初始概念通过商业模式框架（黄卫伟，2003）、动态能力聚焦归类到节俭式创新的价值创造各阶段以及节俭式创新过程，进而整理出各个案例企业的基本内容。最后，进行跨案例研究，通过案例之间的对比分析，不断与现有文献展开对话，同时借助图表形式，挖掘潜在的理论涌现（Eisenhardt，1989）。根据新涌现的理论与已有文献的比较，不断完善和补充相关数据，直至达到理论的饱和。

表5-1 编码来源分类及数据分类

访谈企业	数据来源	数据分类	条目数	编码
A	一手资料	通过深度访谈获得的资料	54	AA1
		通过现场观察获得的资料	21	AA2
	二手资料	官方资料和新闻报道	36	AB1
		理论文献	28	AB2
B	一手资料	通过深度访谈获得的资料	49	BA1
		通过现场观察获得的资料	12	BA2
	二手资料	官方资料和新闻报道	54	BB1
		理论文献	79	BB2

续表

访谈企业	数据来源	数据分类	条目数	编码
C	一手资料	通过深度访谈获得的资料	47	CA1
		通过现场观察获得的资料	23	CA2
	二手资料	官方资料和新闻报道	43	CB1
		理论文献	31	CB2
D	一手资料	通过深度访谈获得的资料	70	DA1
		通过现场观察获得的资料	19	DA2
	二手资料	官方资料和新闻报道	27	DB1
		理论文献	20	DB2

资料来源：根据本书研究数据编制。

第二节 节俭式创新的价值创造

研究发现，节俭式创新的价值创造过程包含生意概念的提炼、生意价值的概括、生意能力的培育、实现方式的选择等四个环节，下面将结合案例证据分别进行论述。

一、生意概念的提炼

Applegate et al.（1999）在其关于生意模式三要素模型的论述中认为概念是指企业在经营业务时的一种生意概念，包含进入目标市场的机会、战略定位、企业愿景以及市场运作规则等基本要素。对案例企业进行比较分析后发现，开展节俭式创新必须在生意概念的提炼上要求每一种要素都呈现出新颖性、创新性。具体表现在以下几个方面（具体编码及引用语条目详见表 5-2）：

（一）准确把握市场发展机会

通过研究案例企业所获的一手和二手资料后发现，四个案例企业都非常善于捕捉和把握市场的发展机会。

如 A 公司，自从 2009 年 4 月被凯傲集团战略性并购以来，在中高端市场具备很强的竞争实力，也拥有非常稳定的客户群体。正是依靠敏锐地捕捉到"在中国叉车市场，经济型叉车是目前及以后长时期内的主流"这一机会，外加巴西、俄罗斯等同类新兴市场国家对经济型叉车的旺盛需求,为填补集团在经济型叉车市场的空白,果断进入经济型叉车这一细分市场。

表 5-2　　　　　　　　生意概念提炼的编码及引用语条目

构念	编码条目	编码来源	证据事例（典型援引）	关键词
生意概念的提炼	73	AA1、AB1 BA1、BB1 CA1、CB1 DA1、DB1	"我们通过市场分析,发现经济型叉车是目前及以后长时期内的主流,这不仅仅是中国市场,许多其他新兴市场国家也有同样的需求。""我们的优势在顶部,今后要想获得更大更快的成长,必须在巩固塔顶用户的基础上迅速向顶端走下来,到更广阔的中部以及底部发展。""《若干意见》的出台是我们企业下决心向体育产业集团转型的一个非常重要因素,是一个契机,促使我们向全体育产业集团转型,为我们集团今后的发展定下了非常重要的基调和战略方向。""我们当初看到了家居装修领域市场鱼龙混杂,产品质量参差不齐,我们认为,市场混乱的时候是个很好的机会,如果做好了,就能够成为游戏规则的制定者,因此,我们找准定位,果断进入。"	准确把握市场发展机会
	36	AA1、AA2 AB1、AB2 BA1、BA2 BB1、BB2	"公司定位为在国际范围内极具竞争实力的实用经济型物料搬运设备制造商。""公司战略定位是巩固高端市场,重点发展中低端市场客户。""公司战略定位是从传统的鞋服企业向全体育产业布局的转变。""我们公司定位在农村市场,坚持'农村包围城市'的发展路线。"	清晰的战略定位
	21	AA1、AA2 AB1、AB2 BA1、BA2 BB1、BB2	"Baoli 叉车产品的高性价比,人性化设计,舒适安全的操作深受客户的好评,从而实现了集团对叉车市场产品的全覆盖。""业务在中国等新兴市场国家的成功,使集团实现了产品和服务对金字塔顶层、中层和低端客户的全覆盖,进一步增强了集团的全球竞争力。""我们借助上市契机,实现对全体育产业的全覆盖。""我们公司自成立开始就一直专注于瓷砖的辅料产品,争取做深做精。"	围绕主业,精耕细作

资料来源：根据研究数据编制。

B 公司产品主要是一些植入式的医疗器械,如胰岛素泵、植入式心脏起搏器、药物支架等,一般适用于慢性病患者。这些产品主要定位于高端,市场非常有限。我国政府约 8500 亿元人民币倾斜于基层的医改新政,让诸多跨国医药公司开始抢滩基层医疗市场。正如李总裁所言："我们公司一直非常注重中国市场,但中国政府的医改新政让我们更加坚信大力发展中国市场的战略性地位。"

C公司从政策和市场两个方面睿智地发现了国内体育产业所蕴含的巨大发展潜力。我国于2014年10月发布了《加快发展体育产业促进体育消费的若干意见》(以下简称《若干意见》),《若干意见》中明确指出到2025年基本建立门类齐全、功能完善、布局合理的体育产业体系,不断丰富相关体育用品及服务,健全市场机制,挖掘内在消费需求,提升对其他产业的带动作用,实现体育产业总规模超过5万亿元目标。此外,市场方面,中国人口的庞大基数优势也促使体育产业成为传统服装品牌的下一个目标。正是看到政策和市场这两大利好,C公司抓住时机,成立贵欧投资这一运营管理平台,推动企业全面向体育产业集团转型,实现基于体育服饰用品制造、多种体育产业形态和谐发展的战略目标。建立健全创新机制,推动职业体育改革,积极引导和鼓励社会力量参与,完善相关体育设施,不断丰富各种体育赛事活动等。正如丁总所介绍:"《若干意见》的出台是我们企业下决心向体育产业集团转型的一个非常重要因素。考虑到我们企业的发展瓶颈,这个《若干意见》的确是一个契机,促使我们向全体育产业集团转型,为我们集团今后的发展定下了非常重要的基调和战略方向。"

D公司则是看到家居瓷砖辅材市场鱼龙混杂,产品参差不齐,无序竞争,市场缺乏真正具有高品质的瓷砖辅材,因此决定进入家居市场,专心经营,给客户提供高性价比的高品质产品。

(二) 清晰的战略定位

案例研究发现,进入一个新的市场开展业务,必须有清晰而准确的战略定位。A公司定位于在国际范围内极具竞争实力的实用经济型物料搬运设备制造商。被并购以后,公司将整合自身综合制造平台与集团卓越运营的竞争优势,立志于通过规范的优质服务,为国内外大众市场提供可靠实用的产品,成为全球领先的经济型叉车品牌。正如A公司郭董事长所说:"我们非常幸运,在正确的时机遇上了对的人,一起做正确的事。如今,我们有自己独立的研发中心,具备对未来产品蓝图的清晰规划,目标性更加明确,避免了追逐同行时的亦步亦趋,我们始终坚守为大众市场提供实实在在的产品。"

而B公司战略定位是巩固高端市场,重点发展中低端市场客户。对此其大中华区李总裁解释:"倘若把市场比作一座金字塔,那么我们的优势在顶部,今后要想获得更大更快的成长,必须在巩固塔顶用户的基础上迅速从顶端走下来,到更广阔的中部以及底部发展。""但是,从金字塔顶尖走下来,并不是直接对美国总部产品进行降价销售就可以,而是要在中国进行本土研发和生产。"因此,为弥补集团在中低端市场的空白,B公司开始了一些战略性收购和投资,实现了从原来专注于销售和技术服务到集研发、生产、销售和服务于一体并囊括全方位业务的子公司的定位转变。C公司则借助集团上市之际,进行战略转型,实现传统的鞋服企业向全体育产业布局的转变。D公司定位于农村市场,实行"农村包围城市"的发展路线。

(三) 围绕主业,精耕细作

研究发现,案例企业都是围绕熟悉的主营业务向外延伸实现对市场的全覆盖,精耕细作。如A公司一直都是定位于全球市场上叉车以及相关服务、供应链解决方案供应商。围绕着自己的主营业务叉车,通过全面的市场调研,发现在新兴国家市场上经济型叉车的巨大发展空间,果断进军这一细分市场,从而填补了市场空白。进入经济型叉车后,通过集团的卓越运营平台,整合优势资源,立志做深做精,如今已成为一家在国际市场上极具竞争实力的经济型物料搬运设备供应商。正是凭借着这种优质的产品和服务,A企业深受广大客户的好评。正如郭董事长介绍:"依靠集团强大的管理手段和先进技术,推动了Baoli叉车生产工艺以及质量控制的大幅度提升,得到了市场的广泛认可,尤其是产品的高性价比、人性化设计、舒适安全的操作深受客户的好评和点赞。"

B公司也是依托自身在高端医疗器械制造领域的先天优势,将目光投向更为广阔的新兴国家的基层医疗市场。尤其是中国,凭借着人口众多有望成为全球最大的医疗市场,具有非常大的提升空间。正如B公司大中华区李董事长所说:"一直以来,在全球技术领域数一数二的我们,优势都在高端消费市场。因此,要想获得更快的成长,就要求我们巩固已有顶层用户的同时,延伸到容量更大的中部及底部医疗市场发展。随着对中国市场深耕不辍十几载,集团在中国市场已完成战略转型,发展成为一家集研发、生产、销售和服务于一体的跨国医疗公司。"

C公司也是围绕原来的鞋服产品,逐步向整个体育产业延伸。

D公司则一直专注于瓷砖的辅料产品,不断做深做精。

综上所述,本书提出:

命题 5-1：生意概念的提炼是节俭式创新价值创造的第一个环节，注重每个概念要素的新颖性、创新性。经营主体需要准确把握市场发展机会，进行清晰的战略定位，围绕主业，精耕细作。

二、生意价值的概括

Applegate et al.（1999）认为生意模式中的价值主要体现在客户、利益相关者（包括员工、供应商、经销商等）以及企业本身三个不同方面。只有确保顾客价值和利益相关者价值，企业的价值才能有保证。案例研究发现，生意模式价值概括必须高度重视顾客以及利益相关者价值，提供丰富的增值服务。（具体编码及引用语条目详见表 5-3）

表 5-3　　　　　　　　价值概括的编码及引用语条目

构念	编码条目	编码来源	证据事例（典型援引）	关键词
价值概括	59	AA1、AB1、AB2、BA1、BB1、BB2、CA1、CB1、CB2、DA1、DB1、DB2	"我们始终将产品的质量视为企业的生命，引入全球领先的质量控制和管理体系，推出'10+5'质量改进计划，每周回顾、每月跟踪。每台整机将进行严格的十八项强化性能检测。""我们在中国市场一直提倡本土化战略，本土研发和生产适合当地市场需求的产品。顾客价值是我们一直都高度关注的，如何让更多的患者能够支付得起我们的产品，一直都是我们所关注的问题。""我们商品中心会基于销售端的需求和市场具体情况，进行有针对性的产品设计和开发，只有满足市场和顾客的诉求，才能实现我们企业的价值。""我们当初看到了家居装修领域市场鱼龙混杂，产品质量参差不齐，消费者非常看重性价比，而且对环保要求很高，我们针对这些需求进行不断改进，改进后的产品非常受市场认可。"	顾客价值：高性价比、高质量，注重环保、周到及时的服务
	31	AA1、AB1、AB2、BA1、BB1、BB2、CA1、CB1、CB2、DA1、DB1、DB2	"我们非常注重员工价值，给员工提供竞争力的薪酬，完善的培训体系，个性化的职业发展通路。""我们一贯视员工为企业的核心资源，关注员工价值，除了极具竞争力的薪酬，相关配套的福利待遇，还有非常完善和健全的集团员工培训体系，非常有利于员工的自我发展和提高。"	员工价值

续表

构念	编码条目	编码来源	证据事例（典型援引）	关键词
价值概括	47	AA1、AB1 BA1、BB1 CA1、CB1 DA1、DB1	"经销商是连接产品与终端用户的桥梁，也是我们产品和服务快速到达客户的途径，因此我们非常重视经销商价值，提出与经销商一起发展的战略思路，制定了合理的经销商建设政策。" "经销商是我们生态圈非常重要的一环，我们有完善的经销商制度，具有行业内很有竞争力的利益分配模式，因此一般我们都是长期的合作关系。" "我们非常重视对经销商的培养，精心策划一年四次的代理商订货会，让代理商参与到新产品的开发过程中去，建立一个良好的生态圈。""我们非常注重与经销商的战略协同发展，公司制定了完善的经销商选择标准、培训体系、利益分配模式等。"	经销商价值
	28	AA1、AB1、 AB2、BA1 BB1、BB2	"Baoli叉车经常为广大客户精提供一系列安全培训讲座，为经销商和代理商提供专业的培训，让经销商不仅仅懂销售，更懂产品的保养和维修，这样才能体现我们公司的专业性。" "我们在行业内有实力的公司应当承担起继续教育这种责任，这就是为什么我们的战略重点一直都集中在医院发展和医生培训上。"	增值服务

资料来源：根据研究数据编制。

（一）高度关注顾客价值

顾客价值方面，节俭式创新面对的是新兴市场的中低端消费者，支付能力有限，但并未降低对产品和服务质量的要求。对此，本书的四家案例企业都非常注重顾客价值[①]，概括起来主要有高质量、高性价比、注重环保、售后服务及时。如A公司的Baoli叉车，自从2009年被并购以来，定位为国际市场上极具竞争力的经济型叉车，对顾客价值做到极致。首先是高质量。成立独立的Baoli叉车研发中心，组建专门研发团队，专注提高产品核心部件的品质，优化整个管理流程，包括对技术的审核、供应商资质的把控以及最后整车的强化性试验。引入"质量门"体制，从门架车间、结构车间到组装线以及整车出厂，每个环节都需要经过"质量门"的检验，发现问题及时反馈、迅速改进，

---

① 因篇幅有限，本部分仅以A公司为例进行详细阐述。

确保产品质量的层层把关，杜绝次品、残缺品流入市场。整车下线以后，由销售人员代表客户作最后的"出库门"核查。以上这些近乎苛刻的流程，确保了 Baoli 产品的工艺得到最可靠的保障。正如郭董事长所说："质量控制和生产工艺上渐进式的推进是企业发展必须具备的基本功，而这些扎实的基本功是我们打造经济型叉车行业典范的重要基石。"其次是高性价比。Baoli 叉车定位为经济型叉车，公司一直非常注重在保证质量的前提下寻找功能和价格之间的一个合适的平衡点，坚持"经济适用"原则，在国内同行业中具有很强的价格竞争力。通过技术和核心部件质量优势降低了整车的购买成本以及使用过程中的维修成本，同时，产品使用过程中的高效、便捷、耐用让客户有着物超所值的感受。再次是注重环保。受制于中国新的柴油机排放标准，Baoli 叉车快速反应与潍柴动力签订战略合作协议，完成了 1.5—10 吨所有内燃叉车从国二到国三发动机的顺利切换。不仅如此，今后排放标准将会更高，甚至很多企业已开始布局电动叉车。因此，Baoli 叉车已经对研发进行改革，与潍柴动力一起联合开发更高排放标准的发动机。而且调整研发方向，增加了仓储车和电车研发人员比例，为未来市场趋势作好准备。正如王总经理所说："国家的宏观政策和行业发展趋势时刻都在变化，但我们 Baoli 叉车始终都聚焦客户需求，未雨绸缪，致力于为客户生产更加节能环保的产品。"最后就是周到及时的售后服务。Baoli 叉车已经启动了高效、及时、当地化的配件服务系统，对于叉车的售后服务，要求报修后一小时内必须到位，帮助客户解决问题，提高作业效率。而且，现在也引入二手叉车的销售以及叉车租赁模式，服务范畴进一步扩大，满足更多客户的不同需求。正是对顾客价值的高度重视，Baoli 叉车赢得了客户的高度认可。来自北京汇林印务公司的客户表示："Baoli 叉车的电池耐用坚固，充一次电可工作 8 小时。而且及时周到的售后服务，从未耽误我们工厂的生产，极高的性价比更是竞争力的砝码。这些都是我们选择 Baoli 叉车的原因。"另一个客户——松下电气机器（北京）技术及采购负责人说："Baoli 叉车品质好，性价比很高，设计很符合人体工程学，操作也安全舒适，此外，售后服务周到及时，一小时内到位解决问题，效率非常高。"三元食品公司负责人李先生："我们采购真正看重的就是高性价比，一款质量过硬的经济型叉车，不仅能够确保企业的正常运转，也可以节省企业的综合成本。而且，与众多进口品牌叉车相比，Baoli 叉车在性能上毫不逊色。"

（二）兼顾利益相关者价值

在重视顾客价值的基础上，跨国公司和本土企业也非常注重利益相关者价值，主要体现在员工和经销商方面。员工价值方面，四个案例企业都认为员工是创新主体，是企业开展节俭式创新不可或缺的重要因素。尤其是跨国公司，在东道国开展业务，本土化研发和生产是跨国公司的目标，只有这样才能研发出更适合本土消费者需求的产品，因此，更需要依赖熟悉当地市场的人才。案例企业都非常强调对员工价值的回报，如 B 公司除了给员工提供极具竞争力的薪酬外，还建立了很优厚的福利制度，比如为员工及配偶进行免费的预防性筛选检查、对员工进行业务培训。员工可参加公司投资数百万元建立的内部培训体系，每个员工每年还配置几千元人民币的专项培训基金，员工可以利用这笔基金自主参加公司外部的各种培训课程。此外，B 公司每年开办多个国际医疗会议，员工也可以选择参会，以促进自我发展。经销商价值方面，跨国公司和本土企业也非常重视，因为发展营销渠道是为了更好地让优质产品方便快捷地走进终端用户。经销商是连接产品与终端用户的桥梁，具有重要的战略意义。因此，后市场能力已成为一个品牌竞争力的重要组成部分。正如 A 公司 Baoli 叉车王总经理所总结的："一个好的品牌应当至少在下面三个方面做到极致：一是产品质量本身，二是产品的说明及售后服务，三是销售网络的铺设。"王总进一步解释说："我们 Baoli 叉车与经销商之间是一种互相鞭策、共同进步的关系。我们在跟经销商合作的过程中，彼此互相选择。但前提是注重自身产品质量的提升，只有质量好才具有足够的吸引力，优质的代理商才愿意加盟。其次是交流渠道建设。我们不是单纯地销售叉车，更注重对员工进行培训，相比销售，经销商更需要懂得叉车的维护及修理。经销商直接与用户对接，其能力及实力是我们产品在售前、售中以及售后的最终体现。最后就是价格，我们给经销商的都是非常有竞争力的价格，双方互利共赢。""我们在经销商的规范管理方面投入了大量资源，制定了非常完善的经销商评估制度，建立健全了经销商支持管理系统，包括门店布局、具体服务方式以及维护水平等各方面的规划管理。"

针对顾客价值、利益相关者价值以及企业自身创造的合理利润，B 公司 CEO 霍金斯进行了高度的概括："我们需要在利润方面取得一个平衡。从顾客角度，我们的产品是市场定价，以市场为基础；从员工角度，我们提供行业极具竞争力的薪酬；从股东角度，我们通过回购股票以提高股东价值回报。因此，顾客喜爱我们的产品及价格，员工喜欢自己就职的公司，华尔街愿意提供股票溢价。所以，我们参与的每个市场都收获了成功。"

(三) 极具竞争力的增值服务

除了顾客及员工、经销商价值以外，企业应当善于给客户提供有竞争力的增值服务。如 A 公司，面对叉车品牌激烈的市场竞争和严重的同质化现象，Baoli 叉车推出了多项增值培训服务，以扩大品牌的影响力。一方面，为广大客户提供一系列安全培训讲座。参加对象为叉车驾驶员以及现场的管理人员，内容涉及叉车行驶和装卸过程中的注意事项、设备的安全管理、叉车日常的保养、电瓶车的维护常识等。该项培训的实用性和专业性在客户中反响强烈，被誉为"国内叉车行业培训的第一品牌"。另一方面，为经销商和代理商提供专业的培训。不仅让他们懂得销售，更要懂得叉车的修理和维护，确保经销商的专业性，体现 Baoli 叉车的品牌形象。Baoli 叉车包括保养、维修、零部件、租赁、车队管理等业务，随着市场环境的变化，今后将更多涉及美容、安检、培训等价值链延伸服务。B 公司也为众多当地的医院提供相关培训的增值服务，如 7×24 小时糖尿病业务的呼叫中心，为那些需要依赖胰岛素泵进行血糖控制的患者提供对应的产品和使用培训；通过虚拟导管试验室，对心血管医生进行心脏起搏植入技术培训。正如大中华区李总裁所说："如今的医院体系针对医院普通医生的继续教育是有所断层的，我们有实力的公司应当承担起继续教育这种责任。这就是为什么我们的战略重点一直都集中在医院发展和医生培训上。"

综上所述，本书提出：

命题 5-2：生意模式价值的概括是节俭式创新价值创造的第二个环节，高度关注顾客价值及增值服务，聚焦产品的高性价比、高质量，注重环保、周到及时的服务，同时兼顾员工和经销商等利益相关者价值，构建多方共赢的生态圈。

三、生意能力的培育

能力是指企业的核心能力、组织文化及资源、营销模式、运营模式（Applegate et al., 1999）。案例研究发现，企业开展节俭式创新为顾客创造价值需要培育市场需求挖掘能力、技术研发能力、合作创新能力、节俭设计能力等核心能力。（具体编码及引用语条目详见表 5-4）

表 5-4　　　　　　　　能力培育的编码及引用语条目

构念	编码条目	编码来源	证据事例（典型援引）	关键词
能力培育	74	AA1、AB1 AB2、BA1 BB1、BB2 CA1、CB1 CB2、DA1 DB1、DB2	"我们挖掘需求的方法都是通过销售完成的，我们提倡顾问式销售，由于提供的并不是一种标准产品，这就需要走到客户中去，进入到运作场景中去，了解其运作是什么样的，生产工艺流程是如何，我们甚至可以建议客户应该怎样调整会更好。""除了根据销售人员第一线的反馈信息外，更多的依赖与当地医院的医生进行密切的合作，因为中国医生非常了解本土医疗市场的特点以及临床的特色，而这正是研发新产品最需要考量的标准。""我们通过对终端店进行消费者调研，店面的会员大数据，还有我们做了体育产业转型，比如说跟虎扑合作、做校园的赛事等，这些也都是在捕捉消费者的需求，这些几种方法一起挖掘新的市场需求。""我们当初看到了家居装修领域市场鱼龙混杂，产品质量参差不齐，消费者非常看重性价比，而且对环保要求很高，我们针对这些需求进行不断改进，改进后的产品非常受市场认可。"	市场需求挖掘能力
	67	AA1、AB1 AB2、BA1 BB1、BB2 CA1、CB1 CB2、DA1 DB1、DB2	"并购接管 Baoli 后，第一个变革就是成立独立的 Baoli 研发中心，精挑细选了数十名专业技术人员组成研发团队，专注于叉车核心部件的技术和工艺品质。""新一代 EmprintTM 微波消融系统还荣获集团 2016 年全球年度技术成就奖。创新的便携式、小型化血透系统更是颠覆了传统的血透设备，为更多支付能力有限的肾病患者家庭节省了巨大的医疗费用。""能够很好地解决瓷砖脱落问题，产品的生命周期至少长达 20 年，我们在原材料的选择不一样，竞争对手很多都是圆形的石英砂，我们的带菱角的，只有我们自己能提炼。"	技术研发能力
	51	AA1、AB1 AB2、BA1 BB1、BB2 CA1、CB1 CB2、DA1 DB1、DB2	"Baoli 叉车在创新过程中，会充分整合供应商、经销商以及组织内各个跨职能部门（如研发、销售、生产等部门），提高协同创新的效率。""集团内部打通各业务单元边界，提倡跨部门沟通，建立了内部社交网络工具，实现集团全球员工在统一平台相互参与和协作。""创新方面融入了外部的代理商和内部的商品中心、设计部和研发部等各个跨职能部门，进行多方的协同创新。"	合作创新能力

续表

构念	编码条目	编码来源	证据事例（典型援引）	关键词
能力培育	31	AA1、AB1、AB2、BA1、BB1、BB2	"节俭设计，就是产品设计能力的综合提升，其中非常重要的就是要求准确把握客户需求，在同类产品上大胆的裁剪。""很多公司在新产品的设计过程中通过蛙跳式发展，跳过传统技术，直接运用最新手段实现产品的微型化，如移动通信手段等先进技术，这样开发出来的产品比发达国家产品更便宜，质量也并不差。"	节俭设计能力

资料来源：根据研究数据编制。

（一）市场需求挖掘能力

研究发现，企业开展节俭式创新的前提都是充分了解市场需求。因此，企业都必须具备很强的挖掘市场需求能力。四家企业都认为必须深入市场第一线，深入现场，跟终端消费者面对面交流后才能第一时间了解和掌握客户的需求点和痛点，比如现有产品有哪些不足，消费者希望产品或服务得到哪些改进，未来更希望企业能开发哪种类型的产品，等等。说到各公司具体如何挖掘市场需求时，A公司的谢总介绍说："我们挖掘需求的方法都是通过销售完成的。我们提倡顾问式销售，由于提供的并不是一种标准产品，这就需要走到客户中去，进入到运作场景中去，了解其运作是什么样的，生产工艺流程如何，我们甚至可以建议客户应该怎样调整会更好。还有一种情况，有些叉车，比如三吨车，配置多样，一种车型有N种配置，都是要根据客户的实际需求而定。作业现场也可以有不同的车型组合，要考虑哪种组合才能效率更高，也能更好地平衡好投资和未来成本。我们向客户提供一个专业的解决方案，往前端延伸，根据作业现场，提出更多的建议，客户会更依赖你和信任你，包括后续提供培训等，客户黏性会更高。"B公司需求挖掘方法除了根据销售人员第一线的反馈信息外，更多依赖与当地医院的医生的密切合作，因为中国医生非常了解本土医疗市场的特点以及临床的特色，而这正是研发新产品最需要考量的。正如B公司中国研发中心李总监所说："一直以来，中国的医生病人多、临床手术量大，而且活跃在国际前沿，非常熟悉当地的医疗市场特点，因此，很适合帮助我们进行医疗器械创新。"而本土公司C、D市场需求挖掘方法有点类似，只是C公司更善于基于市场调研和自身建立的大数据进行科学预测。正如C公司丁总所说："我们通过几种途径来了解市场需求：首先，我们的品牌部每年对下面的终端店进行消费者调研,能够更清楚我们消费者的需求。其次,通过店面的会员制,会员的购买数据以及基本的信息在平台都能够得到呈现,我们通过这个可以分析潜在消费者的画像,形成大数据。最后,我们做了体育产业转型,比如说跟虎扑合作,做校园的赛事,等等,这些也都是在捕捉消费者的需求。我们自己的产品是不是匹配?我们自己的产品应该怎么样调整?像名鞋库、杰之行,一线品牌的畅销款,亮点是什么?这些都是值得我们去研究和改善的。"

(二) 技术研发能力

企业调查清楚消费者需求后,需要有技术能力去实现消费者的这些诉求,以解决这些客户的痛点。因此,企业要组织技术力量围绕市场需求进行新产品开发或者是原有产品的改进和完善。四个案例企业都深知技术力量的重要性,纷纷加码研发,加大对技术研发量的投入。A 公司自被并购后,第一个变革就是成立独立的 Baoli 研发中心,精挑细选了数十名专业技术人员组成研发团队,专注于叉车核心部件的技术和工艺品质,避免了过去一味追逐同行,亦步亦趋的尴尬局面。如今已结出了行业内领先的诸多技术硕果,正如 Baoli 叉车王总经理介绍:"我们自从有了自己独立的研发中心以来,已经具有多项行业内领先技术,像再生制动能效转换技术、弯道转弯技术。前者很好地延长的叉车蓄电池寿命和工作时间,后者可通过转角传感器自动感应转弯角度,自动降速,确保转弯的安全。这些技术的研发,让我们更加信心十足,为我们生产更加适合市场需求的经济型叉车提供了技术保障。"B 公司一直就以技术见长,对技术研发更加重视,在诸多海外医疗器械巨头纷纷对研发做减法,关闭中国研发中心的时候,B 公司在原有上海研发中心的基础上,继续投资建立成都研发中心。如今已成功研发出 24 个创新产品,上市 22 个,17 个产品远销海外市场。新一代 EmprintTM 微波消融系统还荣获集团 2016 年全球年度技术成就奖。创新的便携式、小型化血透系统更是颠覆了传统的血透设备,为更多支付能力有限的肾病患者家庭节省了巨大的医疗费用。本土企业 C、D 也纷纷设立企业独立的研发中心,凭借着更加熟悉和了解本土市场优势,通过增加技术研发投入组建行业领先的技术团队,更快地将市场需求转化为现实的高性价比产品。正如 D 公司熊董事长所说:"现在这个产品是我们企业的核心竞争优势,能够很好地解决瓷砖脱落问题,生命周期长达 20 年。我们对原材料的选择不一样,竞争对手很多都是圆形的石英砂,我们的是带菱角的,只有我们自己能提炼,现在也可以实现很多工厂的代加工。"

（三）合作创新能力

案例企业都非常提倡而且善于与利益相关者一起进行产品或服务的合作创新。如 A 公司的 Baoli 叉车，在创新过程中，会充分整合供应商、经销商以及组织内各个跨职能部门（如研发、销售、生产等部门），提高协同创新的效率。正如 A 公司的谢总介绍说："跨职能部门要一起参与新产品的创新，这要平衡很多因素。例如发动机，我们不生产发动机，他们也会来跟我们聊，我们需要什么样参数的发动机，发动机也有供应商，因此这就是产业链的概念了，都需要相互配合。我们内部的各个职能部门更是要参与和配合，相互协调，这样创新效率才能更高。" B 公司合作创新更是堪称经典，集团八大业务中的数以百计的项目基本都是通过合作创新实现的，而且创新的对象包括产品、治疗概念、方法以及流程。合作创新整合公司的技术专家和医院的医疗专家，将公司的技术、材料以及制造资源与医生那里获得的病人特殊需求相结合，大大提高创新产品的市场契合度和成功率。例如 B 公司与福特汽车、WellDoc 合作，共同研究医疗技术，与福特汽车实现同步连接系统整合。福特汽车推出移动健康管理 APP，对充血性心力衰竭和糖尿病进行实时跟踪，同时加入了 B 公司针对糖尿病人的葡萄糖监测技术，进而分享到广播系统、显示屏或者驾驶员自己的 WellDoc 数据库当中，以此避免驾驶过程中的视线模糊、头晕等危险症状。不仅如此，B 公司内部打通各业务单元边界，提倡跨部门沟通，建立了内部社交网络工具，实现集团全球员工在统一平台相互参与和协作。这种经验和技术的共享大大降低了前期的开发成本。外部则通过投资有潜力的或者是初创企业以培育全新领域的创新。本土企业的 C 公司和 D 公司也是如此。如 C 公司在创新方面融入了外部的代理商和内部的商品中心、设计部和研开发部等各个跨职能部门，进行多方的协同创新。就像 C 公司的丁总所说："在产品创新方面，我们大致有三个阶段：第一个阶段是商品中心，它基于销售端的需求，基于市场的情况，先要做一个整体的方案，需要什么样的产品，这个产品体现的故事以及元素，大概的一个宏观框架是什么。第二个阶段就是设计端，设计端就可能是画图，可能涉及概念的效果图，这叫设计端。第三个阶段是设计端之后的研开发端，就是你的设计图，你要这样的东西，我怎么样能给你实现，我实现出来的东西是不是你想要的这个味道，这个是研开发端。所以说产品的创新其实更多的是在这个端口，我们需要融合各个职能部门一起进行合作创新，这样效率更高、更有针对性，新产品开发的周期也会比较短。"

(四) 节俭设计能力

节俭式创新要求企业具备基于客户需求对产品的节俭设计能力,就像 B 公司上海研发中心李总监所说:"节俭设计,就是产品设计能力的综合提升,其中非常重要的就是要求准确把握客户需求,通过准确把握需求,可以在现有同类产品上大胆地裁剪。在这点上,针对中国市场需求,我们的团队比美国团队有天生的优势。"针对新兴市场进行的节俭式创新,开发低成本产品并不意味着对技术的要求不高,相反并没有丝毫的减弱,甚至要求更高。B 公司的首席执行官 Israk 认为:"对价格的考量不能牺牲产品的功能和品质,价格并不是唯一的衡量因素。面对新兴市场的节俭式创新,很多公司在新产品的设计过程中通过蛙跳式发展,跳过传统技术,直接运用最新手段实现产品的微型化,如移动通信手段等先进技术,这样开发出来的产品比发达国家产品更便宜,质量也并不差。"跨国公司善于将已经掌握的高端技术运用到一些小型设备中,如 GE 为中国基础医院开发的便携式 CT 设备 Brivo,通过去除一些不必要的功能,满足当地经费不足医院的需求。B 公司为中国和印度市场研发的便携式血透系统,以及为孟加拉国研发的产科护理超声技术等,都是节俭设计的范例。A 公司生产的经济型叉车也是如此,非常善于根据不同市场的客户需求,运用先进的技术和工艺对产品进行节俭设计,很好地满足了客户的不同需求,深受全球客户的信赖和好评。

综上所述,本书提出:

命题 5 - 3:生意能力的培育是节俭式创新价值创造的第三个环节,为更好地实现顾客价值,经营主体需要大力培育市场需求挖掘能力、技术研发能力、合作创新能力、节俭设计能力等核心能力。

四、实现方式的选择

黄卫伟(2003)认为实现方式包括途径、手段、渠道、载体、媒介,甚至包括产品和服务。研究发现,生意概念和顾客以及利益相关者价值的实现,需要结合企业培育的核心能力,通过有效的方式来实现。案例企业涌现出的实现方式有投资并购战略、本土化战略、全球供应链整合、基于手头现有资源的拼凑、商业模式创新等。(具体编码及引用语条目详见表 5 - 5)

表 5–5　　　　　　　实现方式选择的编码及引用语条目

构念	编码条目	编码来源	证据事例（典型援引）	关键词
实现方式选择	44	AA1、AA2 AB1、AB2 BA1、BA2 BB1、BB2	"并购 Baoli，成为集团的第四个叉车品牌，不仅可以完善整个集团的产品系列，扩大经济型叉车的市场份额，还有利于推动集团在全球更大范围内各个不同细分市场上参与竞争。" "2008 年 12 月投资入股山东威高集团，建立骨科器械合资公司；2012 年并购了康辉控股（中国）和战略投资先建科技。此后，投资了中国本土的汉喜普泰和心诺普医疗。"	投资并购
	51	AA1、AA2 AB1、AB2 BA1、BA2 BB1、BB22	"先后在中国上海和成都建立了两个研发中心，与中国当地医生开展紧密合作，依托本土技术团队为当地市场'量身定制'产品。通过对中国本土企业的投资和并购，建立当地的生产基地。组建专门的业务团队以开拓当地三四线城市以及县级市的市场，依托 NGC 以及汉喜普泰，重点发展医疗服务市场。""中国市场进行产品的全覆盖，从高端到低端市场，分别有不同的品牌相对应。从研发中心的建立、研发技术人员、本土的生产基地、健全的经销商队伍到完善的相关培训增值服务。"	本土化
	37	AA1、AB1 AB2、BA1 BB1、BB2	"我们采取了很多措施以提高对各利益相关群体的支持水平和力度。如'零部件 ETC'系统的建立，通过该系统，我们实现了所有零部件的网络订货，这也进一步提高了零部件发货速度，在行业竞争中处于领先地位。" "我们集团全球供应链整合方面做得非常出色，从物流、信息流和资金流三个角度进行整合。"	全球供应链整合
	17	CA1、CB1、 DA1、DB1	"我们要求自己的技术人员必须要有自己的思想和观点，更多的东西还需要我们自己进行加工拼凑和创新完善。正因为这样，我们成功研制出属于我们自己的新型原材料——带菱角的石英砂。"	基于手头现有资源的拼凑
	23	CA1、CB1、 CB2、DA1 DB1、DB2	"本着跟利益相关者共谋发展、多方共赢的思路，不同的阶段都在探索新的模式。我们到目前为止，有三种经营模式，分别是经销商模式、众筹模式、共享模式。""让每一个工人都成为门店的老板，从打工的成为主人，利益共享，资源共享，工作的共享。"	商业模式创新

资料来源：根据研究数据编制。

(一) 投资并购

公司利用自身的资金、品牌和技术实力，通过投资或并购的方式抢占本土或其他新兴国家中低端市场。如 B 公司一直以来定位于高端医疗器械市场，急需快速发展金字塔的中部和底部市场。正是看到了中国市场的前景，集团通过收购和投资国内企业以快速进入中国市场。如集团于 2008 年 12 月投资入股山东威高集团，建立骨科器械合资公司；2012 年 10 月和 11 月分别并购了康辉控股（中国）和战略投资深圳先建科技两家中国本土企业。后续，又陆续投资了中国本土的汉喜普泰和心诺普医疗。这些在中国本土市场的投资和并购布局都是 B 公司希望借助合作的力量快速推动集团在东道国的业务发展。不仅在中国市场，2014 年 12 月 B 公司更是斥资 4999 亿美元并购柯惠医疗，很重要的一个原因是看中柯惠与集团战略的高度吻合和柯惠业务的多样性及其在新兴国家市场的布局。这些投资和收购都是为了给当地市场提供经济型低价位产品。正如时任 B 公司的首席执行官 Omar Ishrak 所说："集团在华并购战略有两大重点：一是通过并购在中国建立低价位产品的市场平台；二是将此平台从'中国制造'到'中国出口'过渡，尤其是要把中国打造成为其他新兴国家市场，甚至发达国家的出口基地。"C 公司在"向全体育产业进行多元化布局"的战略转型之际，进行了一系列的产业并购。如 2015 年投资西班牙足球经纪公司 Best Of You（BOY）31% 股权，成为 BOY 最大股东。投资虎扑体育 16.1% 股权，与大体协、虎扑成立合资康渼思公司。2016 年并购 AND1 品牌，投资名鞋库 51% 股份，投资杰之行 50.01% 股份。2017 年收购名鞋库剩余 49% 股权，收购威康健身 100% 股权。这些投资和并购行为都是服务于集团的最新发展战略，将产生强大的协同效应，有利于提升规模和品牌形象，巩固市场地位以及分散风险等。

(二) 本土化

这种战略更适用于跨国公司，其在东道国经营时都奉行本土化战略，因为本土化更能贴近市场，了解市场，更容易成功。B 公司大中华区李总裁解释说："跨国公司的本土化要求在当地建立科研开发中心，有当地的生产基地，有庞大的销售推广团队，还要有强大的医生培训医疗中心。"李总裁继续介绍："我们大中华区主要围绕两方面展开工作：一是通过比较集中的技术创新，推动高端市场的进一步增长，主要针对当地三甲医院等；二是实现产品本土化，通过进一步的市场细分，用本土化产品争取更多的中低端市场。"要从金字塔塔尖走下来，实现产品本土化，并不能只是对总部的产品进行降价销售，首先必须进行研发和生产，这样更能在降低成本的同时设计出符合当地市场的产品，推动本土的科研创新。因此，B公司加大投入，先后在上海和成都建立了两个研发中心，与当地医生开展紧密合作，依托本土技术团队为当地市场"量身定制"产品。通过对中国本土企业的投资和并购，建立当地的生产基地。组建专门的业务团队以开拓三四线城市以及县级市的市场，同时销售跨业务部门产品。同时，依托集团收购的NGC以及投资的汉喜普泰，重点发展医疗服务市场，如疾病管理、各个科室的解决方案，旨在为当地医疗机构提供全方位运营和管理解决方案的定制服务。

（三）全球供应链整合

全球供应链整合这一实现方式也适用于跨国公司。正如前文所述，跨国公司基于全球市场视角，着力把中国市场打造成为其他新兴市场国家，甚至发达国家的出口基地。因此，跨国公司整合集团所有资源，其中对供应链的全球整合是发展新兴市场战略非常重要的一种实现方式。供应链对一个企业的发展至关重要，而跨国公司非常善于整合全球供应链上的供应商、零售商、分销商、客户，使之成为一个功能网络结构整体，以更好地为客户提供更高价值，从而提升核心企业的竞争优势。如A公司，Baoli叉车王总经理介绍："我们公司自被凯傲集团并购以来，与集团的优势资源进行整合，尤其是全球供应链集成。我们采取了很多措施以提高对各利益相关群体的支持水平和力度。如'零部件ETC'系统的建立，通过该系统，我们实现了所有零部件的网络订货，这也进一步加快了零部件发货速度，在行业竞争中处于领先地位。"王总进一步补充说："特别是对于国外的代理商而言，其考量合作时非常看重零部件的供应效率以及快速反应，因此，从这点上来说，对我们国外市场的开拓具有很大的推动和促进作用。"而B公司在全球供应链整合方面做得更为出色，从物流、信息流和资金流三个角度进行整合。物流整合从两个层面上展开：一是加强对集团内部物流的各个要求、环节以及各个子系统之间的整合，二是注重集团系统与供应链相关节点企业间的物流整合。信息流整合方面，首先是加强对内部信息的整合，实现信息共享。如打破各个业务单元壁垒，加强跨部门之间的沟通，建立内部社交网络平台，针对现有问题鼓励各国的同事协同作战。其次，充分协调全球供应链上合作伙伴在各个环节上的分工与协作，尤其是进行信息资源整合，确保各个合作伙伴及时准确地获得具体运行状态的相关信息。资金流整合主要是对集团内部及供应链上合作伙伴的信用、应收和应付账款、支付方式等方面进行有效整合，以提高资金的利用率和周转率。

（四）基于手头资源的拼凑

在企业发展的初期，企业面临着众多的资源局限，往往采取这种实现方式。D公司在发展初期常常遇到原材料和技术等局限，据熊董事长介绍："我们公司在面对原材料局限方面，注重与供应商的长期合作，每种原材料都准备2—3家后备供应商，80%的原材料数量在其中一家购买，剩下的在其他后备供应商那购买。通过这种配备后备供应商的方式维系彼此间的长期合作关系，避免到时候因过度依赖某一个供应商而出现原材料短缺的被动局面。"熊董事长进一步介绍："而在面对技术局限方面，我们一直都存在一些问题，首先是技术人员数量不足，技术人员的素质也有待提高。为摆脱这种被动的境地，我们寻找技术开发的合作伙伴，从2013年开始跟福州大学合作，一起合作开发新产品，在合作中学习和提高。但又不完全依赖对方，我们要求自己的技术人员必须有自己的思想和观点，更多的东西还需要我们自己进行加工拼凑和创新完善。正因为这样，我们成功研制出属于我们自己的新型原材料——带菱角的石英砂，它区别于竞争对手的圆形石英砂。"

（五）商业模式创新

企业在当地开展节俭式创新的过程中，竞争日益加剧，环保压力不断增大，可持续发展方式越来越受到国家和整个社会的关注。因此，要想更加可持续地发展，必须不断改革，以动态的视角进行商业模式创新。D公司在发展过程中，由于刚起步，品牌美誉度和知名度不高，很多市场消费者尚不了解相关产品。因此D公司每年持续将销售收入的3%—5%投入到广告宣传上，不断创新宣传渠道，如跟招商会结合，与市场门店整合等，这些实体宣传渠道都直接面对终端消费者，传播效果较好。此外，熊董事长介绍说："在具体的业务经营模式上，我们也是本着跟利益相关者共谋发展、多方共赢的思路，在不同的阶段都在探索新的模式。我们到目前为止，有三种经营模式，分别是经销商模式、众筹模式、共享模式。其中共享模式是为了应对新的环境变化，最近刚推出来的。"D公司许总经理介绍共享模式时说："管理离不开工人，闽北与江西这条线，现有11个试行点，让每一个工人都成为门店的老板，从打工者成为主人，利益共享，资源共享，工作共享。经销商模式中利益是不共享的，只是帮助我们销售产品。共享模式中，超过经销商的利益分配，至少10%。让他们变成我们会员，每一个人都有会员号，放了20%的活动基金，作为娱乐的经费，让他们有家的感觉，否则都是一个独立体，这对我们来说又是一种模式的创新。"

基于以上论述，本书提出：

命题 5-4：实现方式的选择是节俭式创新价值创造的第四个环节，经营主体结合自身核心能力，通过投资并购、本土化、全球供应链整合、基于手头现有资源的拼凑、商业模式创新等方式实现生意概念和顾客以及利益相关者价值。

第三节 节俭式创新价值创造的讨论

上一节论述了节俭式创新价值创造所包含的四个环节（见图 5-1），本节将对这四个环节分别展开讨论。

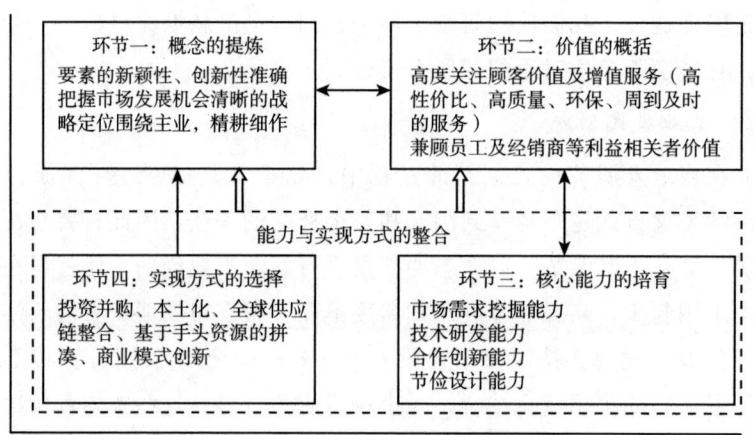

图 5-1 节俭式创新的价值创造模型

资料来源：根据材料编制。

一、生意概念提炼环节的讨论

节俭式创新要求企业首先打破原先的所有规则，而且节俭式创新本质上就是商业模式创新（刘宝，2017）。Applegate et al.（1999）认为商业模式的概念维度包括进入市场的机会、定位、企业愿景及运作规则等基本要素。研究发现，企业在开展节俭式创新过程中，业务模式概念维度上的各种基本要素都体现了新颖性和创新性特征,尤其在市场机会识别这一要素上,表现得更加明显。机会识别是企业在市场、技术、政府政策、人口特征等发生变化时,通过事件和趋势之间的关联,迸发出新产品或者新服务创意的认知过程(Baron & Ensley,2006)。机会识别分为机会创造和机会发现两种方式(Alvarez & Barney,2013),其中,机会发现又分为偶然发现和系统搜寻两种形式(Ardichvili & Cardozo,2003)。系统搜寻根据搜寻原因可分为被动搜索和主动搜索(Chandleer & Dahlqvist,2002)。

结合本书的案例分析,企业在开展节俭式创新的机会识别上通常表现为发现机会和创造机会的结合使用,即在基于发现机会的前提下创造机会。正如A、B两家案例公司,正是在发现新兴市场巨大的发展机会后,结合当地消费者需求,通过节俭式创新,研发出经济型叉车、便携式血透设备等符合当地支付能力、足够好的高性价比产品。而本土企业由于发展时间较短,一般还只是用发现机会方式来识别。在发现机会的搜寻方式上,跨国公司更善于通过主动搜寻这种形式,即为了开拓新的业务领域,以便更好地参与竞争,而充分利用专业技能和知识寻找创业机会。如B公司在中国市场与当地的医院和医生展开密切合作,了解患者的内在需求,发现新的创业机会。相反,一些本土企业,尤其是初创期和成长型企业,在搜寻方式上稍显被动,有些企业甚至要等到经营陷入两难境地时才被迫寻找新的创业机会。如C公司,自身的鞋服主业业绩已经达到瓶颈,若非国家对体育产品《若干意见》的出台,估计转型升级尚需一些时日。因此,机会识别能力,尤其是主动搜寻方式的机会识别更有利于企业开展节俭式创新。这支持了Gielnik et al.(2014)提出的机会识别直接影响产品和服务创新的观点,也验证了机会识别能力是商业模式转换的驱动因素(Cavalcante et al.,2011)。

二、生意价值概括环节的讨论

价值主张是生意模式中的核心要素,需要明确"为谁提供"以及"提供何种价值"两个关键问题。Applegate et al.(1999)认为价值主张主要体现为各利益相关者的价值,包括顾客、员工、供应商、经销商、环境、社会、企业自身等。结合案例企业分析发现,节俭式创新是一种追求价值共享的创新模式,已经从单一的顾客价值主张向利益相关者的多维价值主张转变。顾客价值层面,思考如何帮助顾客以更少的成本获得更多更大的效用,体现为产品的高性价比、高质量标准、及时周到的售后服务。环境保护层面,强调以最少的资源消耗生产和创造出更多的价值。社会层面，始终关注中低收入消费者群体能享受到"物超所值"的产品和服务。经销商、供应商及员工等相关利益群体层面，更多是主张营造企业的利益共同体，尤其是经销商，已被很多企业纳入企业发展战略，是战略最终实现的关键一环，强调共同发展，共同繁荣。节俭式创新瞄准金字塔底层消费群体以及环保和成本意识逐渐增强的中等收入人群。针对这些人群面对的困境和遇到的问题，企业通过开展节俭式创新，使消费者通过可触及的营销渠道用相对经济的价格购买到符合需求、方便实用、功能简单的产品和服务。

王雪冬等（2014）将价值主张内涵概况为"感知承诺""产品营销口号""公司定位陈述""互惠承诺""企业家远见"等五类。本书认为，节俭式创新模式的价值主张更加倾向于"企业家远见"类型。基于企业、竞争对手、顾客等多重交叉视角，对未来顾客需求以及行业规则进行富有创新力假设，关注企业该如何创造顾客，发现新的消费者需求。正如Magretta（2002）指出的价值主张视为企业家的一种远见，回答了以下商业基本假设：顾客是谁，看重什么，企业如何以合理价格为目标客户提供价值，企业如何挣钱，等等。也支持了Teece（2010）的观点，他认为企业家首先必须洞察顾客，能很好地理解"消费者需求""竞争对手是否满足这类需求"等问题，而价值主张就是需要提炼出"顾客欲望、客户如何评估、未来市场行为的本质以及可能的成本、市场竞争能力"等各个方面的真相。企业应当通过差异化战略，给顾客提供更多具有竞争力的增值服务，以获得市场消费者的认可，从而提高市场份额。

三、生意能力培育环节的讨论

开展节俭式创新，为目标市场创造和生产符合既定价值主张的产品和服务，要求企业必须具备和掌握对应的资源与能力。刘宝（2017）认为，企业开展节俭式创新所需要的资源和能力包含以下三种：一是整合和获取市场知识，即能够嵌入本土市场以建立当地实践和需求的知识，具备创建、获取、交流和管理信息的机制以建构知识网络；二是适应客户群体需求，充分考虑基础设施不发达的偏远地区对产品和服务的可得性，想方设法提高客户对产品和服务的感知；三是控制和管理成本，颠覆传统的成本结构，在顾客支付能力有限的前提下，为低收入消费者生产可负担得起的产品和服务。结合案例企业，本书认为企业应当具备市场需求挖掘、技术研发、合作创新、节俭设计等核心能力。任何创新，不管是管理创新、模式创新还是技术创新，最根本的驱动都来自市场需求。企业开展创新活动都离不开市场需求,节俭式创新亦是如此。因此,市场需求挖掘能力对企业开展节俭式创新非常重要。这也支持了刘宝(2017)的适应客户群体需求的观点。

技术研发能力是为了更好地将客户需求和痛点转化为现实产品,从技术上实现产品的经济性和性价比。案例企业不仅不断增加研发投入,成立专门的研发中心,而且想方设法提升研发能力以提升组织绩效。这支持了陈蕊(2017)的观点,即增加研发投入将提升企业的创新绩效,企业的研发能力越强,创新绩效越好。但不同的是,陈蕊(2017)还认为研发投入和创新绩效是成倒 U 型关系,即研发投入刚开始与创新绩效成正相关,但到达一定水平后,研发投入的影响开始逐渐削弱。而且,研发能力还正向调节研发投入与创新绩效的这种倒 U 型关系。

合作创新能力是强调企业与合作伙伴一起进行合作创新。在节俭式创新过程中开展协同创新不仅可以提高创新效率,降低开发成本,还可以提高创新产品和服务的市场针对性。如 B 公司通过整合公司专业的技术专家和当地医院的医疗专家,大大提高了创新产品的成功率和市场契合度,进而提高企业的创新绩效。Teece et al.(1997)将动态能力界定为"企业建立、重组和整合组织内、外部资源、技能以及职能能力的能力"。本书认为,合作创新能力也属于动态能力范畴,因此,合作创新能力与企业创新绩效正相关,即合作创新能力越强,企业创新绩效更高,这也部分支持了吴航(2016)的观点。不同的是,吴航(2016)将动态能力界定为机会利用能力和机会识别能力两个维度,机会利用能力正向影响企业的创新绩效,而且机会利用能力在机会识别能力与企业创新绩效之间起部分中介作用。

四、实现方式选择环节的讨论

实现方式是将价值主张转变为现实的途径、手段、载体等(黄卫伟,2003)。案例研究发现,企业在新兴市场开展节俭式创新常用投资并购、本土化、全球供应链整合、基于手头现有资源的拼凑、商业模式创新等方式实现生意概念和顾客以及利益相关者价值。并购实质上是各个权利主体根据产权制度安排作出的一种权利让渡行为,是企业产权交易和控制权转移的重要形式。随着当下创新迭代的日益加速,创新的高度不确定性、长期性,仅仅依靠内部研发已经不足以应对。因此,跨国公司越来越倾向于通过并购尤其是技术并购,获取目标公司的创新能力,即通过并购获取对方技术资源,以更新、扩张、填补内部技术创新能力。正如公司 B 和公司 C，通过并购使企业在短时间内获取目标公司的技术知识，同时产生了巨大的创新协同效应，这支持了 Ahuajia & Katila（2001）和张学勇等（2017）的观点。同时也使企业扩大和更新了现有的知识存量，从而避免了因重复利用现有知识导致的能力刚性和组织惰性，进而提高了企业突破式创新能力，这也进一步验证了 Vermeulen & Barkema（2001）的观点。

本土化方式一般适用于跨国公司为适应东道国独特的意识形态、文化、习俗等，将投资、生产、人员、营销等全方位融入当地经济，其核心是一切经营活动都围绕东道国本土市场的独特性进行改变和战略调整。公司 B 为了更好地融入本土市场，进行本土研发和生产，甚至营销和人员都实现本土化，以获取东道国市场的战略资源，克服在当地市场经营的各种困难，降低生产和销售成本以及各种交易费用，这支持了 Chen & Chen（1998）的观点。根据战略的权变理论，企业经营环境将影响具体的战略，企业在新兴市场只有选择与当地所处的环境互相匹配的战略（如本土化战略），才能最终取得比较高的创新绩效，这也进一步支持了 Miles & Snoe（1978）、Kim & Lim（1988）和 Boeker（1991）的观点。

供应链整合是企业与供应链伙伴进行战略合作，协调管理组织间以及组织内部各个流程，充分整合信息流、物流、资金流以及知识流，以提高效能和效率，实现用最快的速度、最低的成本为消费者提高最大价值（Frohlich & Westbrook，2001）。在高度竞争环境下，跨国公司利用其资源优势进行全球供应链整合，通过组织间的整合协作，增加了合作伙伴之间的营运知识和信息透明度，对竞争、规则、技术等变化带来的冲击和波动快速响应，降低给顾客的服务成本和交易成本，这支持了 Rosenzweig et al.（2003）的观点。

本土企业由于受到诸多局限，往往通过创业拼凑、商业模式创新等方式深耕本土市场。本土企业往往都受到资源局限，大多都属于资源贫乏型企业，更多通过对手头的资源清单进行重新排列和组装，实现新的资源组合。创业拼凑是针对手头资源（而非搜寻的资源），即刻行动（并不等待掌握急需的资源），进行有目的的资源重组（Baker & Nelson，2005），是一种创造性再造行为。然而，基于案例企业，本书认为创业拼凑与创新绩效之间应当是倒 U 型关系，即刚开始，由于只需对手头已有资源进行颠覆式重组和即兴创新，节省更多的获取其他资源的时间和成本，可能产生一些创造性成果。因此，创业拼凑对创新绩效有积极影响。但随着企业发展，如果进行过度的创业拼凑，往往会对创新绩效产生负面影响,应当通过别的更有效率的创新方式进行规避。这也支持了 Julienne et al.（2013）的观点。商业模式创新有助于提高企业在现有市场的经营效率,以获得更高的价值,也有助于开拓新的市场。本土企业对当地市场比较熟悉,更加了解当地消费者需求,可以结合当地需求,通过设计恰当的商业模式对节俭式创新产生直接影响（赵蓓等,2018）。因此,通过商业模式创新以提高市场份额是切实可行的也是必须要走的道路。正如 C 公司借助移动互联网,线上线下打通,实现全渠道销售模式。D 企业的分享模式,能够为企业创立先行优势,为企业创造租金。模式创新程度越高,供应商、顾客等利益相关群体的转换成本将越高,这提高了企业的议价能力,进一步验证了 Zott & Amit（2007）和 Mitchell & Coles（2003）等人的观点。

第六章 节俭式创新的过程

第五章基于相关案例数据研究了节俭式创新的价值创造，认为其价值创造包含生意概念的提炼、生意价值的概括、核心能力的培育以及实现方式的选择四个环节，并对其进行了深入的讨论。由于节俭式创新的理论构建尚处于起步探索阶段，已有相关研究更多聚焦在节俭式创新的外部过程，往往只是基于简单的比较分析视角，探讨节俭式创新的地位及其作用，并没有揭示清楚其内在的创新过程机理。本章在第五章的基础上，通过多案例研究方法，基于动态能力（Teece et al.，1997）视角研究节俭式创新的过程，以期揭示节俭式创新过程的内在机理。

研究发现，节俭式创新过程呈现"市场需求——现实产品——消费终端——市场需求"的内在逻辑，即首先企业需要非常清楚目标市场的需求，然后采用一系列方法将这种市场需求转化为现实产品，通过企业分销渠道到达消费者终端，在消费者使用产品的过程中，将会产生新一轮的市场新需求，如此循环。具体分成以下三个不同阶段：发现市场需求阶段，需求转化为现实产品阶段，产品分销阶段。

第一节 市场需求的发现阶段

研究发现，市场需求发现是开展节俭式创新最基础的一个阶段，在此阶段最为重要的任务就是准确界定消费者真实的需求。在案例数据分析过程中，发现了一个核心概念——"市场需求挖掘能力"，即企业清晰界定目标市场消费需求的能力是开展节俭式创新成功的基础，体现为机会识别、充分了解消费者和目标客户需求。（具体编码及引用语条目详见表6-1）

表6-1　　　　　　　　发现需求阶段的编码及引用语条目

构念	编码条目	编码来源	证据事例（典型援引）	关键词
市场需求挖掘能力	73	AA1、AB1 BA1、BB1 CA1、CB1 DA1、DB1	"市场分析现实，经济型叉车是中国市场目前及以后长时期内的主流，许多其他新兴市场国家也有同类的需求。""一直以来，我们的优势在顶部高端市场，今后要想获得更大更快的发展，必须在巩固塔顶用户的基础上迅速从顶端走下来，到更广阔的中部以及底部发展，中国政府每个阶段投入巨资的医改新政更加坚定了我们的发展战略。""《若干意见》的出台是我们企业下决心向体育产业集团转型的一个重要契机，促使我们向全体育产业集团转型。""当初家居装修领域市场鱼龙混杂，产品质量参差不齐，我们认为，市场混乱的时候是个很好的机会，如果做好了，就能够成为游戏规则的制定者，因此，我们找准定位，果断进入。"	机会识别
	74	AA1、AB1 AB2、BA1、 BB1、BB2 CA1、CB1、 CB2、DA1、 DB1、DB2	"我们要求销售人员走到客户中去，深入客户的运作场景中去，了解其运作是什么样的，生产工艺流程是如何，我们甚至可以建议客户应该怎样调整会更好。""除了根据销售人员第一线的反馈信息外，更多的依赖与当地医院的医生进行密切的合作，凭借中国医生对本土医疗市场的特点以及临床的特色了解和熟悉进行本土创新。""我们通过对终端店进行消费者调研，店面的会员大数据捕捉和挖掘消费者的需求。""我们当初看到了家居装修领域市场鱼龙混杂，产品质量参差不齐，消费者非常看重性价比，而且对环保要求很高，我们针对这些需求进行不断改进，改进后的产品非常受市场认可。"	了解目标市场和消费者消费需求

资料来源：根据研究数据编制。

一、机会识别

机会识别能力是指企业从组织外部发现并且获取创新机遇，以建立组织的创新信心，从而提高企业创新的成功概率（Teece，1998）。机会识别能力将直接影响企业对目标市场消费者需求的理解和把握。案例数据显示，四个案例企业都具备很强的机会识别能力，非常善于捕捉和把握市场的发展机会。如A公司，敏锐地捕捉到"在中国叉车市场，经济型叉车是目前及以后长时期内的主流"这一机会，同时也注意到巴西、俄罗斯等同类新兴市场国家对经济型叉车的旺盛需求。B公司一直以来产品定位于高端市场，市场容量非常有限。中国政府约8500亿元人民币倾斜于基层的医改新政，让B公司开始转向抢滩新兴市场国家的基层医疗市场。正如李总裁所言："一直以来，中国市场都是我们集团长期战略决策的目标市场，而中国政府的医改新政让我们更加坚信长期发展中国市场的战略。"C公司则是从政策和市场两个方面睿智地发现了国内体育产业所蕴含的巨大发展潜力。国家于2014年10月发布了《加快发展体育产业促进体育消费的若干意见》，明确指出到2025年要实现体育产业总规模超过5万亿元目标。而且，中国人口市场的庞大基数优势也促使体育产业成为传统服装品牌的下一个目标。正是看到政策和市场这两大利好，C公司抓住时机，整合资源推动企业全面向体育产业集团转型，实现基于体育服饰用品制造，多种体育产业形态和谐发展的战略目标。建立健全创新机制，推动职业体育改革，积极引导和鼓励社会力量参与，完善相关体育设施，不断丰富各种体育赛事活动等。正如丁总介绍的："《若干意见》的出台的确是一个重要的转型契机，促使我们向全体育产业集团转型，为我们集团今后的发展定下了非常重要的基调和战略方向。"D公司则是看到家居瓷砖辅材市场鱼龙混杂，产品参差不齐，无序竞争，市场缺乏真正具有高品质的瓷砖辅材，因此决定进入家居市场，专心经营，给客户提供高性价比的高品质产品。

二、了解目标市场和消费者消费需求

企业在准确识别发展机会后，将会进入某个领域开展业务。此时，企业需要做足功课，清晰界定目标市场，做好市场细分，准确定位目标客户，进行广泛的市场调研，充分了解和熟悉目标市场情况以及目标客户的相关信息。案例数据显示，充分了解和熟悉目标市场和消费者是开展创新业务成功的前提和基础性工作。案例企业都主张市场人员要跟终端消费者面对面交流，只有这样才能第一时间了解和掌握客户的需求点和痛点，例如产品的不足、消费者希望的改进意见、未来更期待的产品类型等。如A公司要求销售人员必须深入市场第一线以及客户的作业现场，充分了解设备实际运作情况、生产工艺流程等，掌握客户使用产品的第一手资料。采用顾问式销售，根据作业现场的情境以及客户的实际情况，提供专业的解决方案。B 公司依靠其庞大的市场推广人员，及时收集市场及目标客户的实时信息。此外，更多是依赖跟当地医院和医生的紧密合作，通过医生了解当地医疗市场特点，通过医院的大数据系统，充分了解患者的实时需求。正如 B 公司中国研发中心李总监所说："中国的医生病人多、临床手术量大，而且经常活跃在国际前沿，非常熟悉当地的医疗市场特点，因此，很适合帮助我们进行医疗器械创新。" C 公司更善于基于市场调研和自身建立的大数据进行科学预测。如品牌部每年对下面的终端店进行消费者调研，能够更清晰地知道消费者的需求。另外，通过店面的会员制，会员的购买数据以及基本的信息都将呈现在后台数据库，可以分析潜在消费者的画像，形成大数据。D 公司通过销售人员的深入走访，充分了解同行业的市场发展情况，客户关注的需求点及尚未解决的痛点，通过这些信息，将客户的需求点和痛点转化为实实在在的客户需求。

综上所述，本书提出：

命题 6-1：市场需求挖掘能力将直接正向影响节俭式创新效果，企业应当不断提高机会识别能力，充分了解和熟悉目标市场和消费者，实现消费需求的转化。

第二节　现实产品的转化阶段

在准确识别市场发展机会，充分了解目标市场及目标客户需求之后，进入节俭式创新的第二个阶段，即需求转化为现实产品阶段。研究发现，在这一阶段，企业对内外部的资源和能力进行整合和重构，通力协作，努力将市场需求转化为现实产品。研究发现"内部整合与重构""外部协作创新"两个核心概念，即企业通过整合和重构内部的节俭设计、技术研发、基于现有资源的拼凑等资源和能力，结合外部各个利益相关者开展的协作创新，实现市场消费者的需求向现实产品的转变。（具体编码及引用语条目详见表 6-2）

一、内部整合与重构

内部整合与重构是企业从自身内部的资源和能力出发，结合市场目标客户的定制需求，通过对内部资源和能力的整合与重构，实行无缝对接，为及时高效地将市场需求转化为现实产品提供有力支撑。研究数据显示，案例企业呈现出"节俭设计""技术研发""基于现有资源的拼凑"三个关键词。

表 6－2　需求转化为现实产品阶段的编码及引用语条目

构念	编码条目	编码来源	证据事例（典型援引）	关键词
内外部资源整合与重构	31	AA1、AB1 BA1、BB1 CA1、CB1 DA1、DB1	"节俭设计是产品设计能力综合提升的体现，其中非常重要的就是要求准确把握客户需求，在此基础上进行裁剪。""很多公司在新产品的设计过程中通过蛙跳式发展，跳过传统技术，直接运用最新手段实现产品的微型化，这样开发出来的产品比发达国家产品更便宜，质量也并不差。"	节俭设计
	67	AA1、AB1 AB2、BA1、 BB1、BB2 CA1、CB1 CB2、DA1、 DB1、DB2	"被并购后，第一个变革就是成立独立的研发中心，组建专业的研发团队，专注于叉车核心部件的技术和工艺品质。""新一代 EmprintTM 微波消融系统还荣获集团 2016年全球年度技术成就奖。创新的便携式、小型化血透系统更是颠覆了传统的血透设备，为更多支付能力有限的肾病患者家庭节省了巨大的医疗费用。""能够很好地解决瓷砖脱落问题，产品的生命周期至少长达20年，我们在原材料的选择不一样，竞争对手很多都是圆形的石英砂，我们的带菱角的，只有我们自己能提炼。"	技术研发
	17	CA1、CB1、 DA1、DB1	"我们要求自己的技术人员必须要有自己的思想和观点，更多的东西还需要我们自己进行加工拼凑和创新完善。正因为这样，我们成功研制出属于我们自己的新型原材料——带菱角的石英砂。"	基于现有资源的拼凑
	51	AA1、AB1 AB2、BA1、 BB1、BB2 CA1、CB1 CB2、DA1、 DB1、DB2	"Baoli叉车在创新过程中，会充分整合供应商、经销商以及组织内各个跨职能部门（如研发、销售、生产等部门），提高协同创新的效率。""集团内部打通各业务单元边界，提倡跨部门沟通，建立了内部社交网络工具，实现集团全球员工在统一平台相互参与和协作。""创新方面融入了外部的代理商和内部的商品中心、设计部和研开发部等各个跨职能部门，进行多方的协同创新。"	协作创新

资料来源：根据研究数据编制。

首先，节俭设计。节俭设计是对产品设计能力综合提升的体现，要求企业在准确把握客户需求的基础上，对现有同类产品大胆裁减。节俭式创新要求企业具备基于客户需求对产品的节俭设计能力。针对新兴市场进行的节俭式创新，开发低成本产品并不意味着对技术的要求不高，相反并没有丝毫的减弱，甚至要求更高。价格并不是唯一的衡量因素，强调价格的同时绝不能牺牲产品的功能和品质。很多公司在新产品的设计过程中采用蛙跳式发展，直接跳过传统技术，运用移动通信手段等先进技术实现产品的微型化，开发出价格比发达国家产品更便宜、质量也并不差的产品，深受目标市场的追捧。跨国公司在这点上做得比较好，他们将已经掌握的高端技术运用到一些小型设备中，如 GE 为中国基础医院开发的便携式 CT 设备 Brivo，通过去除一些不必要的功能，满足当地经费不足医院的需求。B 公司为中国和印度等新兴市场研制的便携式血透系统，以及为孟加拉国研发的产科护理超声技术等都是节俭设计的范例。A 公司研制生产的经济型叉车亦是如此，根据不同市场的客户需求，采用先进的技术与工艺对产品进行节俭设计，很好地满足了不同客户的具体需求，深受全球客户的信赖和好评。

其次，技术研发。企业的技术研发能力是实现消费者诉求、解决目标客户痛点的技术支撑和有力保证。四家案例企业都意识到技术的重要性，加大研发资金的投入，提升技术研发能力和水平。如 A 公司，自 2009 年被德国凯傲并购以来，变革的"第一斧"就是成立独立的研发中心，精挑细选技术骨干组建专门的研发团队，专注于核心部件的技术研发，提高工艺品质水准。引进智能化装配线、自动涂装线、机器人焊接等先进设备，同时引入叉车跑合试验台，真实模拟叉车实际使用中的各类行驶情况，全线安装高精度传感器，精准获得叉车整车性能的各项数据。如今研制出两项行业绝对领先技术：再生制动能效的转换技术，大大延长了蓄电池的寿命及工作时间；弯道转弯技术，通过转角传感器感应转弯的角度，转弯时实现自动降速，转弯既平又稳，确保了驾驶安全。此外，A 公司经济型叉车已标准配置转向系统、速度可调以及显示系统、故障诊断以及显示系统、驾驶员在场时的感应系统等，确保了叉车的操控品质。B 公司在诸多海外医疗器械巨头纷纷关闭中国研发中心的时候，在原有上海研发中心的基础上，继续投资建立成都研发中心。如今已成功研发出 24 个创新产品，上市 22 个，17 个产品远销海外市场。新一代 EmprintTM 微波消融系统还荣获集团 2016 年全球年度技术成就奖。创新的便携式、小型化血透系统更是颠覆了传统的血透设备，为更多支付能力有限的肾病患者家庭节省了巨大的医疗费用。C、D 两家企业也纷纷设立独立的研发中心，通过增加技术研发投入组建行业领先的技术团队，更快地将市场需求转化为现实的高性价比产品。在行业内已经建立了独特的技术核心优势，如 D 公司凭借技术能够很好地解决瓷砖脱落问题，独特研制新兴原材料——菱角的石英砂，区别于竞争对手圆形的石英砂，确保了行业的竞争优势地位。

最后，基于现有资源的拼凑。企业在将市场需求转化为现实产品的过程中，经常会遇到诸如原材料、技术、资金等资源局限情况，此时更多需要依靠企业自身的拼凑能力，即基于手头已有资源进行拼凑创新。如 D 公司，在面临原材料局限时，通过配备后备供应商的方式来解决。每种原材料配备 2—3 家后备的供应商，80% 的原材料从其中一家购买，剩下的从后备供应商购买。通过这种方式维持与供应商的长期战略伙伴关系，防止类似于与主要供应商发生矛盾导致原料不足而无法生产的现象发生。技术层面也是如此，D 公司重点培养自己的技术团队，除了跟福州大学合作开发外，要求技术人员具备独立研发能力，减少对合作开发方的依赖，不断提高结合市场需求的拼凑创新能力。正是这种基于现有资源的拼凑创新能力，使公司成功研制出带菱角的石英砂这种特殊原材料，不仅降低了原材料的采购成本，还提高了企业的核心竞争力。

二、外部协作创新

在将市场需求转化为现实产品这个阶段，除了进行内部资源和能力的整合与重构外，企业还需要强调外部协作创新，即通过与各个利益相关者开展协作创新，共同开发，以降低研发风险和开发成本，提高新产品开发成功率以及更新换代的频率。A 公司提倡跨职能研发，即充分整合经销商，供应商以及企业内部的研发、销售及生产等部门一起协同创新，提高新产品的创新效率。B 公司向来以协作创新著称，数以百计的产品项目都是通过协作创新实现的，创新的对象包括产品、治疗概念、方法、流程等。通过整合公司内部的专业技术人员、医院的医疗专家，将公司的材料、技术等资源与医生提供的患者需求相互结合，极大地提高了新产品的市场契合度以及成功率。正如公司与福特汽车、WellDoc 合作，共同研究医疗技术与福特汽车实现同步连接系统整合。福特汽车推出移动健康管理 APP，对充血性心力衰竭和糖尿病进行实时跟踪，同时加入了 B 公司针对糖尿病人的葡萄糖监测技术，进而分享到广播系统、显示屏或者驾驶员自己的 WellDoc 数据库当中，以避免驾驶过程中的视线模糊、头晕等危险症状。

综上所述，本书提出：

命题 6-2：内外部资源和能力的整合与重构正向影响节俭式创新，企业应当充分整合内部的节俭设计、技术研发、基于现有资源的拼凑等资源和核心能力，结合外部协同创新，提高把市场需求转化为现实产品的能力。

第三节 产品的分销阶段

通过企业内外部资源的整合与重构、与利益相关者的协作创新，把市场需求转化为现实产品后，进入了节俭式创新的第三个阶段——产品的分销阶段，即将研制出来的现实产品送达市场消费终端，让消费者非常方便快捷地购买到产品。企业需要不断拓宽和完善渠道建设。研究发现，案例数据涌现出一个核心概念——"配送分销能力"（具体编码及引用语条目详见表 6-3）。四家案例企业都非常重视新产品的渠道建设。如 A 公司非常强调营销渠道的完善，因为只有健全营销渠道才能早日让优质产品走进终端用户。A 公司主要以代理商形式进行产品的销售，在铺设销售网络过程，提出"与经销商一起共谋发展"的经销商合作战略。与经销商合作时，A 公司首先从自身产品质量上下功夫，认为只有质量好才能有足够的回头客，才能吸引优质代理商的加盟。其次，完善与经销商的交流渠道，A 公司不仅仅关注销售，更加注重对经销商的培训，要让经销商不仅懂销售，更要懂得如何维护和修理叉车。因为经销商直接与用户对接，经销商实力的强弱是 Baoli 叉车销售前、中、后的最终体现。最后考虑价格的经济性。基于以上，A 公司与经销商形成了相互鞭策、共同进步的合作关系。因此，也采取诸多措施提高对代理商的支持力度，如建立了"零部件 ETC"系统，实现网络订购零部件。此外，进一步完善经销商的考评制度，全面提升从门店布局、维护水平、服务方式等各个方面进行统筹规划的经销商支持管理体系。D 公司通过公司办事处、代理商、合伙人等三种渠道销售产品，产品通过福州、杭州两个 1000 多平方米的仓储中心和第三方物流发往全国各地，最终将新产品送到消费市场终端。

表 6-3　　　　　　　　产品分销阶段的编码及引用语

构念	编码条目	编码来源	证据事例（典型援引）	关键词
配送分销能力	25	AA1、AB1 BA1、BB1 CA1、CB1 DA1、DB1	"我们坚持'与经销商一起共谋发展'，在保证产品质量的前提下，完善经销商的考评制度，健全包括门店布局、维护水平、服务方式等各个方面进行统筹规划的经销商支持管理体系。" "我们公司通过成立分公司办事处、代理商、合伙人等三种渠道销售产品，公司自建福州和杭州两个仓储中心，产品通过这两个仓储中心再通过第三方物流形式发往全国各地。"	营销渠道 物流配送

资料来源：根据研究数据编制。

综上所述，本书提出：

命题 6-3：配送分销能力正向影响节俭式创新效果，企业应当准确定位营销渠道及物流配送，采取合适的分销渠道和配送方式，确保新产品快速到达消费终端。

第四节　创新文化的调节作用

前文所述，节俭式创新过程包括发现市场需求、需求转化为现实产品、产品分销三个阶段，这三个阶段是个整体，不可分割。案例数据显示出"创新文化"这个核心概念（具体编码及引用语条目详见表 6-4）。研究发现，企业的创新文化在不同阶段之间起非常重要的调节作用。

表 6-4　　　　　　　　创新文化的编码及引用语

构念	编码条目	编码来源	证据事例（典型援引）	关键词
创新文化	22	AA1、AB1 BA1、BB1 CA1、CB1 DA1、DB1	"公司鼓励员工全员参与创新，创新文化理念已经写入企业文化，变成企业 DNA 的重要元素。每年举办各种创新大赛，各部门积极参与，相互比拼。""我们公司视员工为最重要的资产，在帮助员工解决后顾之忧的前提下营造创新氛围，员工激情高涨，积极性高，创新效率自然也高。"	创新自主性 员工积极性

资料来源：根据研究数据编制。

四家案例企业都非常注重营造内部的创新氛围，鼓励全员创新。如 A 公司，主张将创新文化灌输到每个员工身上，鼓励每个员工要有创新想法，但创新并不总是技术上的创新，也不一定是大的创新，也可以是一些小的改善。这种创新文化的理念已被写入企业文化，变成了企业 DNA 的核心部分。正如 A 公司王总介绍的："我们有专门的部门负责，每年都会评选 Idea king，要求各个部门进行比赛，贡献多少方案，有多少被采纳的。哪些是今年最佳的，一年表彰两次。不一定要很大的事情，一个很小的改变都是可以被采纳的。"通过提供这种专门的交流平台，营造一种这样的氛围，鼓励大家参与创新，从而跳出局限性思维，强调每个员工都可以贡献。D 公司的创新文化认为，员工是企业最核心的资产，通过股权激励方案保证内部员工的稳定性和积极性。定期策划举办公司活动，如聚餐、爬山、旅游等，增强团队凝聚力。正如熊董事长所说："在如今产品同质化现象严重的时代，你能生产，竞争对手也能生产，这时候靠的就是你的员工，如果员工流失严重，何谈任务的完成。因此，我们很注重帮助员工解决小孩上学、购房首付等后顾之忧，然后再全身心投入创新工作。"这种良好的创新文化氛围，有利于企业快速挖掘市场消费者需求，有利于快速将市场需求转化为现实产品，还有利于企业创新营销渠道模式，实现产品快速抵达消费者终端市场。

综上所述，本书提出：

命题 6-4a：创新文化正向调节市场需求发现阶段与需求转化为现实产品阶段之间的正向关系，即创新文化氛围越浓，市场需求发现阶段与需求转化为现实产品阶段之间的正向关系就越强。

命题 6-4b：创新文化正向调节需求转化为现实产品阶段与产品分销阶段之间的正向关系，即创新文化氛围越浓，需求转化为现实产品阶段与产品分销阶段之间的正向关系就越强。

第五节 节俭式创新过程的讨论

上一节基于动态能力视角论述了节俭式创新过程（见图 6-1）。研究认为节俭式创新过程包括三个阶段，分别是需求发现阶段、现实产品转化阶段、产品分销阶段。本节将对节俭式创新过程展开进一步的讨论。

一、需求发现阶段的讨论

基于动态能力视角的节俭式创新过程模型认为，发现市场需求是企业开展节俭式创新活动基础和前提。因此，企业必须充分培育和提高市场需求挖掘能力，以便能准确判断市场需求。研究发现，市场需求挖掘能力一方面需要企业提高机会识别能力，另一面需要企业深入目标市场，深刻理解市场特征以及市场目标客户需求。已有研究指出，影响机会识别能力的因素有组织层面因素和创业者个体层面因素，如组织社会网络、企业外部知识、组织结构、组织经验、创业者的创业经验等（Foss et al.，2013；Robson et al.，2012；Kontinen & Ojala，2011）。本书认为，开展节俭式创新时更多依靠组织积累的经验和外部知识（如A、B、C公司）以及创业者个人的创业经验（如D公司）。

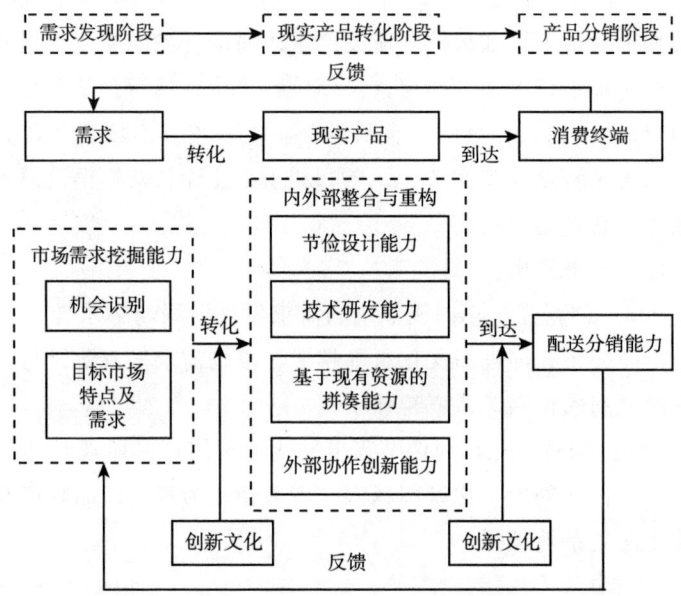

图6-1 基于动态能力视角的节俭式创新过程模型

资料来源：根据研究数据编制。

随着市场环境的日益动荡和高度不确定性，仅仅凭着组织或创业者个人的经验以及外部知识是不够的，企业应当建立一种能够即时感知内外部环境变化的动态长效机制，以持续适应复杂环境的变化。首先，组织内部需要建立健全各个层级员工的沟通机制。组织内部不同层级的员工掌握了不同的知识和信息,内部应当建立一种常态化的跨层级沟通制度,促进信息反馈流畅,实现经验和视野的跨层共享和互补,以提高企业对技术、市场变化的快速应变能力以及战略行动的活力及效率。其次,建立员工与顾客的交互学习模式。企业应当建立员工与客户的交互学习平台和常态化机制,要求员工深入市场第一线,深入客户的作业现场,与客户近距离交流,熟悉客户的真实作业情境,以准确、及时地获取客户对产品的使用反馈以及潜在的真实需求。不仅能够压缩产品的开发周期,降低新产品研发风险,还可以更加高效地实现用户价值,提高企业自身利润。最后,成立专门的部门,积极开展行业前沿问题的理论探索和研究,以提高企业预测和把握市场、技术、制度环境等变化趋势的能力。

二、现实产品转化阶段的讨论

在准确理解客户需求之后,企业需要将内外部的核心资源和能力进行整合与重构,想方设法将市场需求快速转化为现实产品。研究认为,首先,企业应当根据需要用户需求进行节俭设计,将用户需求精准地转化为产品功能,以实现产品价值。节俭设计是一种以用户需求为中心的设计理念,在准确把握用户需求的基础上,采用最新的先进技术,实现产品的微型化。在节俭设计期间,需要结合企业现有框架、项目团队资源、产品的核心需求、用户期望,进行合理的需求排序。优先强化产品核心流程,最大限度增强产品的核心竞争优势。其次,加大技术研发投入,提升技术研发水平。如 B 公司,投入大笔资金,新建成都研发中心,结合市场需求,研制出诸多创新产品。尤其是便携式、小型化血透设备,颠覆了已有的传统血透设备,为肾病患者家庭节省了巨大的治疗费用。A 公司也投资新建独立的研发中心,组建核心研发团队,结合新兴市场消费者需求,研制出契合当地市场用户实际作业情境的经济型叉车,尤其是弯道转弯技术、再生制动能效转换技术等,极具市场竞争力。再次,企业应当结合自身积累的经验和已掌握的资源进行即兴创新,提高拼凑能力。Baker & Nelson(2005)认为突破企业资源约束的有效途径之一就是对已有资源的重构与"将就"。企业应当从新的视角审视组织已有资源,尤其是那些价值被忽视以及尚未被发掘的资源。通过现有资源"将就"与重构,采用即兴而作之积极行动(Miner et al.,2001),进行即兴创新,而非犹豫手头资源能否产生有益的结果,以合适和满意为原则,而非一味追求最优原则。拼凑是一种非常特殊的资源能力(Di Domenico et al.,2010;Gundry et al.,2011),企业应当充分挖掘已有资源中隐含的价值,通过资源重构,发挥资源拼凑中的即兴能力、创造力、整合能力等对企业发展的积极推动作用。最后，为加快将市场需求转化为现实产品的速度，企业还应当与更多利益相关者开展密切的协作创新，以提高新产品开发的成功率。在如今的竞合时代，协作创新可以增加企业在市场和技术方面的创新信息资源，涌现更多有价值的创新理念和思想，扩大产品开发过程中技术实现路径的多样性空间，从而降低技术创新的风险。

三、产品分销阶段的讨论

需求转化为现实产品后，企业应当制定恰当的营销渠道，将现实产品推向目标市场消费者，明确新产品上市后的预计销量及渠道规模。企业需要根据不同阶段设定分销密度（或渠道密度，渠道宽度），制定分销密度策略。分销密度指渠道结构中制造商直接提供货物的渠道商数目。一般说来，分销密度有独家分销、选择性分销、密集分销三种策略。独家分销是指制造商限制其经销商或零售商分销其竞争对手的产品（Bernheim & Whinston, 1998），有向下型（Downward）和向上型（Upward）两种类型（Chang, 1992）。独家分销能够阻止潜在的竞争对手进入同一个市场，使现有的渠道成员获得垄断租金，以提高销售的利润率（Matouschek & Ramezzana, 2007）。独家分销效率要高于选择性分销和密集分销，企业在新产品上市之际，应当选择独家分销方式，在分销经验和市场相关数据比较丰富时再增加分销密度。随着互联网平台的快速发展，线上渠道进一步丰富了企业的营销渠道选择，大大提高了营销效果，降低了营销成本。因此，有学者提出，企业推出新产品之际，应当优先考虑选择性分销或密集分销方式。如 Coelho et al. (2003) 和 Kumar & Venkatesan (2005) 都认为新产品更适合采用多元化的渠道，通过提升产品的分销密度，实现更多潜在的消费者接触到新产品，从而快速占领市场。但多渠道分销往往容易出现渠道冲突和渠道成本过高等弊端（Sharma & Mehrotra, 2007）。因此，独家分销和多元分销方式各有利弊，企业应当根据自身的实际情况，结合目标市场特点以及消费者的需求情况，寻求一种最适合的渠道组合方式，以取得更好的分销效果。

四、创新文化的讨论

研究发现，创新文化在节俭式创新过程中扮演着极其重要的调节作用。创新文化的核心价值观是鼓励创新和包容失败，企业需要构建有利于员工创新行为的制度和组织结构（许庆瑞等，2004）。创新文化是一种能够激励员工的创造力，促进组织的创新行为，帮助企业快速适应外部环境变化的企业文化（葛宝山等，2016）。创新文化根植于创新，视创新为组织生存与发展的核心要素。在组织中大力提倡创新，营造敢于冒险、挑战又富有创新性的核心价值观（吴爱华和苏敬勤，2014），制定的鼓励冒险和奖励创新的激励制度能极大催生员工的创新动力（袁光华和付磊，2011）。

因此，企业应当积极营造一种宽容失败，鼓励创新的企业文化。在互联网技术、人工智能飞速发展的时代，这种创新文化对企业开展节俭式创新的各个过程产生积极的影响。不仅有利于准确发掘市场需求，快速将需求转化为现实产品，还有利于通过高效的渠道组合将新产品分销至终端消费者。研究发现，创新文化对节俭式创新过程中的不同阶段之间有着正向调节作用，即创新文化正向调节市场需求发现阶段与需求转化为现实产品阶段之间的正向关系，创新文化正向调节需求转化为现实产品阶段与产品分销阶段之间的正向关系。因此，企业需要不断优化创新文化，建立常态化创新机制，积极鼓励、孵化和培育企业的下一代创新，以获得持续的市场竞争优势。

第七章
全域旅游的节俭式创新实践

前面几章基于制造行业的数据深入探讨节俭式创新的内涵、动因、价值创造、过程。本章将基于旅游业数据,重点探讨全域旅游的节俭式创新,以福建武平全域旅游为案例,试图总结资源匮乏地区通过节俭式创新发展全域旅游的经验。

第一节 武平概况

武平地处福建省龙岩市西南部,赣、粤、闽三省交界处,位于武夷山脉最南端,龙岩市最西端,北靠长汀县,南连广东平远、蕉岭两县,东邻福建上杭县,西接江西会昌、寻乌两县,是闽西、赣南、粤东重要的物资中转和交通枢纽,被称为闽西"金三角"。武平县总面积2630平方公里,全县管辖1个街道、2个乡、14个镇,共225个村,人口40.3万。

武平是客家祖地,是闽赣粤客家大本营的重要组成部分,岩前镇是客家人保护神定光佛的卓锡地,中山古镇是有着著名"百家姓"的中国历史文化名镇。同时,武平也是革命摇篮,毛泽东等老一辈革命家曾三进武平,共同创建了中央革命根据地的第一站。武平于1926年成立第一个共产党小组,至1949年10月新中国成立,20多年红旗不倒。全县共有4000人光荣参加红军,目前在册革命烈士1067名。共诞生了1位上将和4位少将,其中刘亚楼上将被誉为"共和国空军之父",是新中国首任空军司令员。

武平森林生态资源丰富。武平是全国南方集体重点林区县以及福建省重点林业县,森林资源丰富,生态环境优良。作为全国林改第一县,自从2001年开始试点至今，16 年不断持续探索，有效促进了森林资源的持续增长，不断丰富全县的森林资源，为开展森林生态建设打下坚实的环境基础。截至目前，武平全县林业用地为 324.7 万亩，林木蓄积量为 2179 万立方米，森林覆盖率高达 79.7%。全县境内有梁野山和狮岩两个 AAAA 级景区，文博园、刘亚楼将军故居、平桥翠柳城市森林公园等 3 个 AAA 级旅游景区，1 个国家级历史文化名镇——中山镇，1 个国家级湿地公园——中山河国家湿地公园。自 2016 年 10 月被列为国家全域旅游示范区创建单位以来，武平全县旅游业飞速发展（见表 7-1）。2016 年全县共接待游客 163.32 万人次，旅游收入 16.59 亿元，分别增长 27.9%、26.4%；2017 年全县共接待游客 207.07 万人次，旅游收入 19.27 亿元，分别增长 26.79%、16.15%；2018 年全县共接待游客 263.25 万人次，旅游收入 27.06 亿元，分别增长 27.13%、40.43%。旅游业对财政收入、GDP 以及就业的贡献率均实现高增长（见表 7-1）。因此，自 2016 年来，武平收获颇丰，先后斩获"中国天然氧吧""全国文明城市""全国森林旅游示范县""全国十佳生态旅游城市""全国首批国民休闲旅游胜地"等称号。

表 7-1　　　　　2016—2018 年武平县旅游产业运行情况

指标	2016 年	2017 年	2018 年
旅游接待人数（万人次）	163.32	207.07	263.25
旅游过夜接待人数（万人次）	96.24	116.13	151.70
旅游收入（亿元）	16.59	19.27	27.06
旅游对 GDP 贡献率（%）	8.30	10.40	20.60
旅游对财政收入的贡献率（%）	19.91	21.06	23.38
旅游对就业的贡献率（%）	15.30	18.60	21.50
旅游重大基础设施和公共服务设施资金投入金额（万元）	57918	96938	72028

资料来源：武平县人民政府。

第二节　武平全域旅游节俭式创新实践

为进一步深入实施"旅游富民"发展战略，着力打造国家东部重要生态旅游休闲目的地，实现旅游全域化，武平县委、县政府按照县第十三次党代会提出的"打造闽赣粤宜业宜居宜旅之生态文明城市"总体要求，全方位规划、多产业融合、多元化发展，充分整合既有资源，改革创新，以创建"国家全域旅游示范区"为契机，进行了一系列有益的节俭式创新实践探索。

一、完善生态环境保护机制

为更好落实习近平总书记对捷文村重要指示精神，即"保护好绿水青山，大力发展林下经济和乡村旅游"，县委、县政府加大调研力度，创新生态环境保护机制。县检察院建立生态修复和补偿机制，在生态环境司法保护实践过程中引入恢复性司法理念，按照"谁损害，谁修复"原则，实施"以补代罚"政策。此举措不仅使被告受到惩罚，被破坏的环境得以修复，同时还能达到现身说法之警示作用。

县人大常委会认真履行生态环境保护监督责任，综合运用专项调研、执法检查、专项视察、专题询问等方式，强化生态领域监督，已构建了"治山、治水、治气、治环境"的连续监督格局。为进一步解决乱砍滥伐，保护森林资源，2012年，县人大常委会基于森林资源专项调研，大力推动全县"治山"工程。听取并审议县政府有关森林资源保护工作情报，认为生态环境是武平的核心优势，森林又是生态的关键，森林保护重在封山，控伐是封山的关键，要建立健全有效机制，逐年减少木材的砍伐，提高森林覆盖率。通过几年的努力，木材采伐量逐年下降，现已全面禁伐天然阔叶林。截至目前，全县林业用地面积324.7万亩，林木蓄积量为2179万立方米，森林覆盖率高达79.7%。

由于大面积生猪养殖，猪粪随意排放，污水横流，极大影响群众健康。2013年，县人大专门开展生猪养殖污染治理专项询问，助力推进全县"治水"工作。通过对重点河流水环境、饮用水水源的专题调研，加快推进环境综合治理和生态环保攻坚战。积极配合市人大，对劣V类小河流域开展市、县、乡人大三级联动监督工作，成效显著。象洞乡曹地溪、光彩溪、象洞迳三条小流域全面消除劣V类水质，创近20年来最好水环境质量，成为目前为止，龙岩市16个挂号劣V类水质整治中，唯一达到Ⅲ类水标准的小流域。

加强大气污染防治工作的监督管理，推进"治气"工作，深化全县的生态环境建设。2014年开始，县人大加大对大气污染防治执法的监督检查力度，先后对县工业园区、岩前工业集中区、客都会等相关单位实地调研考察，全面深入了解大气污染防治法的实施情况，发现问题，及时纠正，落实责任，严格执法，极大改善了空气质量。发挥人大对政府的监督作用，加强对大气监测工作的督导,实现对二氧化碳、PM2.5 等气象因子的 24 小时实时监测。同时,加大对工业废气、汽车尾气、建筑扬尘以及生猪养殖污染的整体治理力度,生态环境持续改善,空气中负离子浓度达到 3500 个/立方厘米,远超世卫组织"空气清新"的浓度(1000—1500 个/立方厘米)标准。

多管齐下,为营造"宜居、宜业、宜旅"的美丽乡村生活圈,全县力推"治环境"工程。首先,破解"乡村垃圾污染"难题。县人大成立 4 个小组,深入各乡镇开展乡村卫生整治工作专题询问,通过实地调研,确定专题询问内容,形成指导性调研报告,有助于理清思路、明确举措。其次,加大环保执法检查力度。完善环保法实施意见,努力推动环保法的实施并确保效果。同时,全面开展农业污染的治理工作。深入全县调研农业污染专项工作,全面了解有害废弃物的回收和清理情况,建立健全保障机制,确保生态良性循环,实现农业经济的可持续发展。

通过生态环境保护机制的创新,对全县生态环保实施"四治"工程,实现了对生态环保的连续监督,有力推动了政府的生态文明建设,为全域旅游提供了重要的发展基础。

二、创新体制机制,实现旅游管理一体化

(一)建立健全旅游管理体制

为更好地实现对全域旅游的总体统筹管理,专门成立全域旅游发展的工作领导小组。进一步加强对全县全域旅游的整体规划、重大决策、重点项目建设、体制机制改革等进行科学指导,统筹协调和有效监管、监督,形成了"党委统揽、政府主导、相关部门联动、全社会积极参与"的高效管理机制。组建旅游发展委员会,强化其对旅游业发展的统筹协调职能。构建景区管理委员会,凸显对 A 级景区及乡村旅游的统筹管理。各乡(镇)均成立了全域旅游工作领导小组,党委书记任组长,对全域旅游发展工作负责。同时,设立旅游办公室,配备专职人员,全面高效地推进属地范围内全域旅游的发展工作,履行对乡村旅游的统筹管理、人员培训、导游讲解等职能。对独具特色的乡村旅游点、旅游特色村,采取公司或合作社形式经营和管理,实现对外开发和创收。此外,充分发挥县文化旅游公司的龙头作用,积极参与和帮扶各景区的开发和管理工作,构建横向到边、纵向到底的全域旅游工作机制。

(二)充分完善旅游监管机制

全域旅游的健康发展离不开完善的旅游监管机制,通过构建旅游综合执法

体系，保障全域旅游的快速、良性发展。首先，专门设立旅游警察。建立健全"110"快速应急处置机制，在重点景区、旅游特色村增设专门的旅游警务室和旅游警察岗亭，确保及时、快速、有效地处理突发事件。同时，对旅游关联度高、犯罪高发地区，因地制宜地配设旅游服务流动警务室，充分保障全域旅游工作的顺利开展。其次，设立旅游法庭。针对旅游纠纷，采用流动审判车、巡回法庭等形式，快速高效地协调旅游纷争、审结因旅游产生的纠纷。再次，进一步完善旅游市场监督机制，成立专门监管机构。为维护旅游消费者权益，专门设立旅游市场监管机构，对县域内各景区景点、涉旅企业以及相关购物场所等加强巡查，加大日常检查力度，切实维护和保障旅游消费者权益。最后，建立健全旅游联席会议机制。旅游主管部门牵头，会同物价、市场监管、公安等各部门定期组织召开例会，互通信息，就存在的瓶颈问题共商对策，大力提升旅游服务水平和能力。

（三）改革创新投融资机制

发展全域旅游亟待创新投融资机制。为促进投资主体多元化，县委、县政府大力推进PPP（Public—Private—Partnership）投融资模式的创新改革，吸引更多的主体对旅游公共服务和旅游基础设施等项目进行投资。积极引导金融机构、民间资本与政府开展密切合作，参与旅游公共基础设施建设及旅游项目的建设和开发。县旅发委充分发挥招商引资和项目建设的主体作用，不断解放思想，改革创新，出台了《促进全域旅游发展奖励暂行办法》《扶持乡村旅游民宿发展暂行办法》《智慧旅游建设实施方案》等全域旅游发展的优惠政策，不断增强招商引资力度，充分撬动社会资本，吸引优质人才，全力打造全域旅游精品和业态，大力促进旅游产业全面升级，努力提高旅游业对县域经济的贡献率。

三、完善旅游设施，规范旅游服务

（一）建立健全旅游交通设施

为实现县域旅游景区道路的景观化，县委、县政府决定全面提升主要乡村旅游点和连接景区的旅游公路等级。加快环梁野山旅游公路和环城快速公路的建设，开通定光佛区、梁野山景区、刘亚楼将军故居、中山古镇、文博园等各旅游景点的旅游专线，努力打造县域旅游"一小时交通圈"。加大出租车的投放力度，出台专门政策规范网约车的健康运行，合理规划和配置配套完善的生态停车场。科学规划和建设贯穿主要城镇、景区和乡村的绿道慢性系统，配备完善的驿站、公共自行车租赁设施。

（二）完善旅游服务体系

加快推进客都汇二级旅游集散中心的建设，不断完善3A级以上景区、客运中心、商业中心、重点旅游村镇、高速公路服务区等旅游咨询点服务设施建设，实现信息咨询、产品销售、车辆租赁、住宿预约等多种功能服务于一体，更好地服务于旅游消费者，增强游客的体验满意度和旅游愉悦感。

（三）推进旅游厕所体系革命

为配合全域旅游发展战略，力争用3年时间新建40座A级标准旅游厕所、扩改建10座，努力实现128公里两翼旅游公路沿线、旅游中轴线，以及全县各旅游景点、旅游集散地、乡村旅游特色村等地厕所数量充足、实用免费、干净无味、管理高效。此外，临街、临景以及交通沿线的企事业单位厕所都将向公众免费开放。

四、项目驱动旅游全域化布局

（一）深入调研，科学规划

通过深入调研，遵循"城乡一体、全域布局、产业互补"之原则，组织专门人员，精心编制"武平县全域旅游发展总体规划"。基于全域旅游规划的引领，统筹兼顾城乡建设、基础设施建设、环境保护、土地利用等相关规划，通盘考虑旅游项目、建设用地、空间布局等各方要求，力争从顶层设计角度将全县作为一个大景区来建设，通过旅游项目对县城、乡镇和农村进行全景打造。全域旅游发展规划引领的多规合一，将合理妥善解决各专项规划之间内容冲突、衔接不当、缺乏体系、难成合力等问题，避免重复规划建设造成的资源浪费，更有利于整合优质资源重点打造旅游精品，建设全域旅游示范区。

（二）龙头带动，组团发展

围绕"龙头带动、组团发展、全域推进"之全域旅游的空间布局结构，基于三山（梁野山、狮子山、灵洞山）、一古镇（中山古镇）、一庙（定光祖庙）、一公园（中山河湿地公园）等已有的特色旅游资源，大力推进梁野山景区、岩前定光佛景区、中山古镇、刘亚楼将军故居景区等四大核心组团发展。梁野山景区组团发展要集中推进梁野山AAAAA景区提升、环梁野山城乡一体协调发展实验区、灵洞仙山开发、客都汇旅游综合体等项目，重点打造休闲度假、生态观光、科普教育为主，乡村旅游、疗养健身为辅的旅游功能区。岩前定光佛景区组团发展将围绕定光佛景区二期、象洞白水寨、海峡两岸交流中心、林氏围龙屋修缮等项目，集中打造朝圣祈福的体验式旅游，建设形成宗教朝圣祈福、客家风情体验的旅游功能区。中山古镇景区组团发展将注重古镇的保护开发、狮子山开发、中山河国家湿地公园开发、高山草甸开发等项目，重点打造中山"百姓古镇"、下坝"丹霞探幽"、民主"天然牧场"等主题鲜明的特色旅游，建成集体验、访古、度假、观光于一体的旅游功能区。刘亚楼将军故居景区组团发展将优先推进刘亚楼将军故居景区提升、红色革命旧址群修缮、中湍民俗绝艺、桃溪生态茶园等项目，建成集红色旅游、民俗体验、乡村旅游于一体的旅游功能区。此外，重点建设文化产业园、客家养生城、兴贤坊、平川河森林公园等项目，逐步完善文博园景区、碧水公园、河滨文化公园、马头山公园等相关旅游配套设施，提升旅游服务能力，塑造"养生福地·清新武平"的旅游品牌。

（三）产业融合，乡村联动

基于美丽乡村、新型城镇化、新农村建设，深入开展"旅游＋"跨界融合，探索旅游与农业、林业、工业、体育、文化、康疗等多元旅游业态发展模式，不断拓展森林旅游、康体养生、登山运动等新型业态模式，形成一批特色鲜明、功能互补、季节互补的旅游产品体系。着力打造特色文化观光体验、乡村生态休闲度假为重点的复合型旅游产业带，创建乡村旅游与休闲农业示范点、特色旅游村、乡村旅游星级经营单位。启动中山镇、城厢镇、岩前镇等省级乡村旅游休闲镇和尧禄村、云礤村、中湍村、梁山村等省级乡村旅游休闲特色村的创建工作，努力推进杭背村、高书村、七里村、上岭村、上赤村、龙井村等15个全国乡村旅游扶贫重点村建设。积极培育旅游方面的专业合作社、旅游扶贫示范合作社、旅游扶贫示范户，大力开发和创新精品民宿、乡村伴手礼、客家美食，持续打造并举办乡村旅游"春之健康、夏之欢乐、秋之魅力、冬之温情"的四季节庆活动。

五、旅游市场精准化营销

（一）整合营销机构

遵循"销售内容、营销方式、配套政策、筹措资金、组织实施"五统一营销模式，实施以旅游部门主导，旅行社、景区、饭店、宾馆、交通运输等企业共同参与的营销宣传机制。由县旅发委牵头，整合优势资源，对武平旅游的宣传口号、对外推介、形象标识、组织营销等进行整体统一营销，解决了以往势单力薄、各自为战、营销效果不佳的问题，全面提升了武平旅游的整体形象和品牌效应。

（二）提升宣传品质

旅游整体营销资源丰富，凸显旅游品牌内涵，通过对旅游品牌的精准定位，系统开发旅游品牌宣传品，以宣传册、影响宣传片、歌曲MTV等多种形式，广泛利用新通信、新媒体、新娱乐、新商务平台对武平旅游品牌进行广泛宣传和推广。充分整合网红、旅游达人、品牌网商、网络媒体等营销宣传平台，使旅游宣传与市政、路政建设协同，以实现武平旅游形象4小时交通圈的全覆盖。

（三）拓宽网络营销

为拓宽营销渠道，县委、县政府设立旅游宣传专项资金，建立专门商务类旅游网站，整合优势资源，加大武平旅游资讯、旅游攻略和游记、旅游图片等采编工作力度，大力发展武平旅游电子商务。联姻腾讯、新浪、凤凰等知名网站，牵手专业公司共同开发武平旅游数据库。寻求与携程网、上海同程、淘宝聚划算、驴妈妈等深入合作，积极发展网站代理商业务，同时加大武平旅游官方微信和微博平台建设，努力培育粉丝，大力发展粉丝经济。

（四）办好节事营销

充分利用和策划好海峡两岸定光文化旅游节、定光佛朝圣大典等具有较强影响力的大型活动平台，做好旅游宣传活动，吸引广大海内外游客参加。科学规划和完善赛程跑道，引进并定期主办全省性体育赛事，力争将环梁野山线路打造成全省乃至全国比较知名的马拉松赛道和骑行线路。合理利用过年、打醮、"崇九"等客家传统风俗节日以及祭祖、婚嫁、拜佛等民俗，依托当地镇、村等旅游优势资源和特色文化，积极培育具有吸引力的节庆活动。

第三节 武平全域旅游节俭式创新启示

近年来，武平县坚定"生态立县，旅游富民"战略，以创建国家全域旅游示范区为契机，大力发展全域旅游。通过开展节俭式创新，持续发扬"接力奋斗，敢为人先"的林改精神，实现了旅游经济的快速发展。结合前文的研究和武平全域旅游的发展实践，我们认为，其节俭式创新主要呈现资源与环境导向特征，即属于资源与环境导向型节俭式创新。随着武平全域旅游的快速发展，其对节俭式创新进行了大胆的尝试和探索，积累了一定的经验，对其他地区通过节俭式创新发展旅游业提供了有益的启示。

一、紧抓"绿水青山"，立足生态绿色核心优势

武平属于资源匮乏型地区，经济发展落后，曾一度列为省级扶贫开发工作重点县。穷则思变，痛定思痛，注重顶层设计，明确旅游业发展方向。借助集体林权制度改革契机，武平践行习近平总书记的"绿水青山就是金山银山"发展理念，坚定实施"旅游富民、生态立县"之发展战略，坚持绿色是发展的永恒底色之原则。

为进一步巩固优越的自然生态和山水风光，县委、县政府多措并举，不断加大环境保护和自身生态修复力度，争创国家生态文明示范县，不断夯实自身得天独厚的生态旅游资源。2013年开始，关闭和拆除猪舍200多万平方米，全面提升和改善流域水环境。2016年以来，加大河流的专项整治力度，实施桃澜河、中山河、象洞溪的综合治理项目，推进岩前溪、处明溪、象洞溪等水环境整治的"百日会战"工作。截至2020年7月，基本实现全县各镇污水处理设施建设全覆盖，生活污水处理厂以及管网工程建设基本完成。此外，积极推进重点区域水土流失治理工作，2017年超额完成水土流失治理面积47679亩，2018年仅上半年就完成治理39000亩，并完成植树造林面积34000亩。

围绕高质量绿色发展理念，武平通过进一步提升自身旅游资源的核心竞争力，坚定不移走"绿色崛起·生态立县"科学脱贫之绿色发展道路，坚持以项目促生态环境综合治理，极大提升了生态环境质量，收获一批"国字号"绿色名片，如"全国林改第一县""全国文明城市""国家园林县城""国家生态旅游大县""中国天然氧吧""全国森林旅游示范县"等。通过突出旅游，把全域旅游发展理念贯穿于城乡规划、项目建设、经济发展、民生改善等不同领域，实现全域旅游多融合发展，进而推动全域经济的快速发展。2016年以来连续三年荣膺"福建省经济发展十佳县"，逐渐走上了一条"高颜值"生态环境和"高素质"经济发展相互融合的绿色可持续发展之路。

二、体制创新和政策资金"双轮"驱动

县委、县政府从顶层设计出发，坚持问题导向，管理体制创新和政策资金

"双轮"驱动,为全域旅游的节俭式创新发展保驾护航。为更好地服务于全域旅游事业的发展,武平创新体制机制:首先,构建县乡(或镇)村三级书记共抓全域旅游领导机制。县委、县政府专门成立了全域旅游发展委员会,县委书记亲任主任,各乡镇、各村分别成立相应的发展全域旅游领导小组,构建了县、乡(镇)、村三级响应的全域旅游高效领导机制,快速处理相关问题。其次,建立全域旅游"一站式"综合监督协调机制。专门成立全域旅游综合监管协调领导小组,由县委相关主要领导担任组长,设立旅游市场监管服务站、旅游公安、旅游巡回法庭等机构,不断探索并完善多部门联合执法机制,将相关职责延伸至各大景点和景区。再次,建立全域旅游融合发展的综合管理机构。将旅游、文化、体育等职能进行整合,成立县文体旅游局,同时设立全域旅游服务中心和文化旅游综合执法大队两个正科级单位,进一步细化和理顺全域旅游融合发展的管理机制,形成各部门之间"共建、共管、共享"之旅游发展合力。最后,建立多层次社会化管理机制。建立健全旅游工作统计队伍,包括旅游协会、登山协会、自驾游协会等一批旅游行业相关社会组织,以提高全域旅游社会化管理能力和水平。

政策引领,资金保障。首先,县委、县政府高屋建瓴,确立"旅游富民"战略。专门制定相应的政策保障机制,相继出台《旅游富民战略的若干实施意见》《加快推动全域旅游融合发展的若干意见》《乡村旅游之民宿扶持办法》等优先支持发展旅游业的政策性文件。其次,规划先行,蓝图统领。整合资源,编制《2017—2025年武平县全域旅游发展总体规划》,做好县域内各景区景点的专项规划,努力打造集点、线、面于一体的全域旅游发展格局。最后,安排专项资金,提供财政保障。为确保建立长效的资金投入机制,2016年起县财政每年安排1000万元专项资金用于旅游发展的奖补,包括景区开发、旅游项目建设、旅游品牌推广、创意策划等。同时,制定《旅游重点建设项目贷款贴息补助管理办法》,进一步完善旅游产业综合管理运营平台和投融资平台,努力撬动和吸引金融资本,引导社会资金积极参与全域旅游和文化旅游项目的发展和建设,构建长效的投融资机制。

三、高效、合理整合和调配资源

(一)三省联盟,共建共享

武平地处闽粤赣三省交界,是闽西、赣南、粤东的物资集散地和重要交通枢纽。为进一步深化闽粤赣区域协作一体化,经武平倡导,2018年4月专门成立闽粤赣旅游发展联盟。该联盟汇集武平、寻乌、平远、石城、蕉岭、会昌等三省六地旅游企业及旅游行政部门，旨在通过深入开展合作，重点扶持旅游龙头企业和重点景区，推出旅游精品线路，共建共享市场营销网络，互推各地旅游产品。联盟通过旅游考察、旅游促销、联谊活动等多元措施，携手共建闽粤赣区域一体化，以期实现"1+1>2"的协同效应。联盟成立两年以来，已策划主题互补、各具特色的"三省多日游""三省一日游"等多条精品线路，实现各地客源共享和互输，有效满足了闽粤赣区域游客的需求。

(二)"四城"同创，打造"三宜"城市

围绕"旅游富民、生态立县"绿色发展战略，武平聚全民之智，举全民之力，开展"四城"同创工作，即创建全国文明城市、国家园林县城、国家卫生县城、国家生态文明示范县，努力打造"宜居、宜旅、宜业"之"三宜"生态文明城市。整合优质资源，节约投入成本，精心设计了交通基础设施、卫生基础设施、文化基础设施、便民服务设施、市民素质提升、美丽乡村建设等14个项目共95个工程。设立"四城同创"之工作委员会，明确各自的分工和职责，将"四城同创"工作纳入所有文明创建考评之中，列入各单位的工作计划范畴。

要求各责任单位以及乡（镇）、村各负其责，动员全县干群向脏、乱、差等不文明现象宣战，努力共创优美、洁净、文明、舒适的旅游环境。同时，进一步加强监督机制，通过"督查通报"和"曝光台"等载体，随时曝光乱扔垃圾、乱贴乱画、破坏景区景点设施等不文明现象。"四城同创"工作开展以来，武平县获得多个"国字号"绿色名片，全面提升了武平的美誉度和知名度，极大增强了游客的吸引力和旅游目的地城市的竞争力。

(三)城区景区园区"三区"联动建设

将武平城区视为一个大景区进行建设，全域旅游发展理念贯穿城市建设中，优化城市设计，坚持建设与运营、管理并重，持续改善武平城市功能。景区建设围绕梁野山景区龙头建设，兼顾中山古镇、兴贤坊历史文化街区、千鹭湖湿地公园、狮岩景区等县重点景区建设，从"吃、住、行、游、购、娱"之旅游六要素出发，重点打造旅游全产业链的配套建设。园区建设坚持"生态化、专业化、生活化"标准，按照国家级高新园区要求进行规划建设，注重城区和园区的产城、产旅深度融合，从功能、设施、服务配套等方面下足功夫。通过"三区"联动建设，实现生产、生态、生活"三生"融合，集约高

效的生产空间、山清水秀的生态空间、宜居适度的生活空间，全域旅游已驶入发展的快车道。

（四）山海协作机制，全域旅游发展新动能

重峦叠嶂的武平与东海之滨的厦门思明区"联姻"，实现山与海的特色联动和协作共赢。山海协作机制，进一步推动了武平全域旅游的快速发展，加快了旅游业的转型升级，对旅游品牌塑造和全产业链发展产生了积极的影响。尤其是2015年以来，"山海情，武平行"厦门知青返乡活动以及"山海协作"大型自驾游等旅游活动的成功举办，有效地促进了两地旅游业的交流协作，实现了两地客源互通、品牌共建、资源共享，"山海协作"品牌取得巨大反响。2018年6月，武平与厦门旅游集团有限公司签订战略合作协议。凭借着丰富的酒店管理经验、强大的客源组织能力和资源整合能力，厦门旅游集团全方位参与武平千鹭湖景区、继续教育基地等多个项目的经营和管理。2019年3月，与上海驴妈妈集团就武平智慧旅游、旅游文创开发、土特产营销等签订合作协议，为武平全域旅游快速发展起了积极的推动作用。

四、环境可持续

（一）环保意识贯穿城市发展始终

武平始终坚持生态立县，生态环保是底线，高举"全国林改第一县"之旗帜，努力追逐产业生态化和生态产业化，不断推进绿色发展，统筹处理好保护和发展的关系，全面改善生态环境质量。全域旅游发展过程中，针对生态环境的突出问题，县委、县政府坚持三条原则进行积极整改：首先，始终秉持"绿水青山就是金山银山"之发展理念，坚守生态环保底线，切实把生态环境保护视为一种政治责任进行落实。其次，对照存在的问题清单，制定和细化每个节点目标，认真落实整改，确保按时保质保量完成整改任务。最后，注重整改结果的跟踪和督办，对整改不力的有关单位进行曝光，并严肃追责，切实提升生态环境问题的整改实效。

（二）专项资金投入生态保护

武平每年从福建省综合性生态补偿专项资金中获得上千万元生态保护补偿款，用于保护绿水青山。综合性补偿款分为保持性和提升性补偿两个部分。实施县若能够如期完成生态保护的考核指标（即100分），将全额获得补助总额；如未完成，将按一定比例扣减专项资金。实施县如能够不断提升环境质量

（即大于100分），根据所提升的分值，分别给予不同档次的提升补偿。前10名的实施县将获得2000万—3000万元奖励，其他将获得1000万—1500万元奖励，且奖金金额随着资金规模的扩大而不断增加。这些资金将确保武平县生态环境保护，如空气、森林、水质、能耗、污水和垃圾处理等各项工作有序开展，实现环境的可持续发展。

（三）多管齐下，防控污染

近年来，武平多措并举，不断加大环境污染的治理力度，2017年10月发布通告，强调县城区禁燃限放烟花爆竹，积极宣传教育，引导群众理性燃放烟花爆竹。同时，组织环保、公安、城管等相关职能管理部门开展联合巡查，劝阻和制止违规燃放烟花爆竹行为，有效遏制二氧化硫、PM2.5、PM10、氮氧化物等污染物的产生。出台专门的扬尘污染治理办法，针对武平境内的矿山企业、水泥生产企业、工业园区、建筑工地等场所开展扬尘污染专项治理工作，进一步规范扬尘治理工作，持续改善空气质量。此外，通过持续优化产业结构调整，加大技术创新，提高能源清洁利用，逐步淘汰黄标车。针对边界环境污染隐患，县环保、公安、执法、森林公安、国土等各部门重拳整治，成立联合执法组，深入武平境内偏远边界山区，强制捣毁非法焚烧电子垃圾、废旧轮胎炼油等窝点，确保边界环境安全。

五、大力发展循环经济

循环经济是一种良性循环的可持续发展方式，核心就是对资源的高效和循环利用。武平努力发展循环经济，以寻找转变经济增长方式的突破口，在技术创新和产业结构调整的同时强调节能降耗。建立健全节能降耗目标责任制，对一些重点领域、重点企业实行节能减排的目标管理，要求相关责任单位制订每年的节能减排目标，严格按照国家产业政策，通过技术引进、技术创新等方式，淘汰落后的装备和工艺技术，强制关停高污染企业。

武平强调对资源废弃物的再利用，努力实现工业"零排放"。针对武平煤矿废弃已久堆积如山的煤矸石，县委、县政府通过政府搭台、企业唱戏形式，推进万安贤溪机砖厂充分利用煤矸石生产空心砖等县循环经济重点项目建设。针对县传统畜牧养殖业污染，全力推进年产3万吨有机肥料生产线。目前，武平县正努力打造企业小循环、产业中循环、区域大循环，力争培育更多省（市）级循环经济示范园区和省（市）级循环经济示范企业。

参考文献

[1] Ahuja G, Katila R. Technological Acquisitions and the Innovation Performance of Acquiring Firms: A Longitudinal Study [J]. Strategic Management Journal, 2001, 22 (3): 197 – 220.

[2] Akula, V. Business basics at the base of the pyramid [J]. Harvard Business Review, 2008, 86 (6), 53 – 57.

[3] Altman, D G, Rego, L, & Ross, P. Expanding opportunity at the base of the pyramid [J]. People & Strategy, 2009, 32 (2), 46 – 51.

[4] Alvarez S A, Busenitz L W. The entrepreneurship of resource – based theory [J]. Journal of Management, 2001, 27 (6): 755 – 775.

[5] Alvarez S A, Barney J B, Anderson P. Forming and exploiting opportunities: The implications of discovery and creation processes for entrepreneurial and organizational research [J]. Organization Science, 2013, 24 (1): 301 – 317.

[6] Amit R & Zott C. Value drivers of e – commerce business models [J]. Hitt M A. et al. Creating value: Winners in the new business environment [C]. Oxford, UK: Blackwell Publishers, 2002: 15 – 47.

[7] Anderson, J, & Kupp, M. Celtel Nigeria: Serving the rural poor [M]. Tilburg, Netherlands: TiasNimbas Case Study, 2008.

[8] Anderson, J, & Markides, C. Strategic innovation at the base of the pyramid [J]. MIT Sloan Management Review, 2007, 49 (1), 83 – 88.

[9] Applegate L M, McFarlan F W. and Mckenney J. L. Electronic Commerce: Trends and Opportunities [M]. Corporate Information Systems Management, NY: McGraw – Hill Irwin, 1999.

[10] Ardichvili A, Cardozo R, Ray S. A theory of entrepreneurial opportunity

identification and development [J]. Journal of Business Venturing, 2003, 18 (1): 105 - 123.

[11] Arnould E J, Mohr J J Dynamic transformations for base - of - the - pyramid market clusters [J]. Journal of the Academy of Marketing Science, 2005 (33): 254 - 274.

[12] Baker T. Resources in play: Bricolage in the Toy Store (y) [J]. Journal of Business Venturing, 2007, 22 (5): 694 - 711.

[13] Baker T, Nelson R E. Making that which is old new again: Entrepreneurial bricolage [C]. Babson Park: Frontiers of Entrepreneurship Research, Proceedings of the Twenty - Third Annual Entrepreneurship Research Conference, 2003.

[14] Baker T, Nelson R E. Creating something from nothing: Resource construction through entrepreneurial bricolage [J]. Administrative Science Quarterly, 2005, 50 (3): 329 - 366.

[15] Banerjee A V, & Duflo, E. The economic lives of the poor [J]. Journal of Economic Perspectives, 2007 (21): 141 - 167.

[16] Barney J. Firm Resources and Sustained Competitive Advantage [J]. Journal of Management: Official Journal of the Southern Management Association, 1991, 17 (1): 3 - 10.

[17] Baron R A, Ensley M D. Opportunity recognition as the detection of meaningful patterns: vidence from comparisons of novice and experienced entrepreneurs [J]. Management Science, 2006, 52 (9): 1331 - 1344.

[18] Bernheim B D, Whinston M D. Exclusive dealing [J]. Journal of Political Economy, 1998, 106 (1): 64 - 103.

[19] Bhatti Y. What is Frugal, What is Innovation? Towards a Theory of Frugal Innovation [R]. London: Imperial College London, 2012.

[20] Bhatti Y A, Ventresca M. The Emerging Market for Frugal Innovation: Fad, Fashion, or Fit? [R]. London: Imperial College London, 2012.

[21] Bhatti Y A, Ventresca M. How Can Frugal Innovation be Conceptualized? [J] Working Paper. Retrieved from http: //ssrn. com/abstract = 2203552. 2013 (1): 19.

[22] Boeker W. Organizational Strategy: An Ecological Perspective [J].

Academy of Management Journal, 1991, 34 (3): 613 – 635.

[23] Brem A, Ivens B S. Do frugal and reverse innovation foster sustainability? Introduction of a conceptual framework [J]. Journal of Technology Management for Growing Economies, 2013, 4 (2): 31 – 50.

[24] Brinkerhoff J M. What does a goat have to do with development? Diasporas, IT, and the case of Thamel. com [J]. Information Technologies & International Development, 2008, 4 (4): 9 – 13.

[25] Bromley D B. The case – study method in psychology and related disciplines [M]. Chichester, Great Britain: Wiley, 1986.

[26] Brown S L, Eisenhardt K M. The art of continuous change: Linking complexity theory and time – paced evolution in relentlessly shifting organizations [J]. Administrative Science Quarterly, 1997, 42 (2): 1 – 34.

[27] Cavalcante S, Kesting P, Ulhøi J. Business model dynamics and innovation: (Re) establishing the missing linkages [J]. Management Decision, 2011, 49 (8): 1327 – 1342.

[28] Chandler G N, Dahlqvist J, Davidsson P. Opportunity recognition processes: A taxonomy and outcome implications [C]. Babson Park: Frontiers of Entrepreneurship Research, Proceedings of the Twenty – Second Annual Entrepreneurship Research Conference, 2002.

[29] Chang M H. Exclusive dealing contracts in a successive duopoly with side payments [J]. Southern Economics Journal, 1992, 59 (2): 180 – 193.

[30] Charmaz K. Constructing grounded theory: A practical guide through qualitative analysis [M]. Thousand Oaks, CA: Sage Publications. 2006.

[31] Chen H, Chen T J. Network linkages and location choice in foreign direction investment [J]. Journal of International Business Studies, 1998, 29 (3): 445 – 67.

[32] Chesbrourgh H, Ahern S, Finn M, et al. Business models for technology in the developing world: The role of non – governmental organizations [J]. California Management Review, 2006, 48 (3): 48 – 61.

[33] Coelho F, Easingwood C, Coelho A. Exploratory evidence of channel performance in single vs. multiple channel strategies [J]. International Journal of Retail and Distribution Management, 2003, 31 (2): 561 – 573.

[34] Cohen W M, Levinthal D A. Innovation and learning: the two faces of R&D [J]. The Economic Journal, 1989 (99): 569-596.

[35] Collis D J. Research note: How valuable are organizational capabilities? [J]. Strategic Management Journal, 1994, 15 (Winter Special Issue): 143-152.

[36] Connor T. The resource-based view of strategy and its value to practising managers [J]. Strategic Change, 2002, 11 (6): 307-316.

[37] Di Domenico M L, Haugh H, Tracey P. Social bricolage: Theorizing social value creation in social enterprises [J]. Entrepreneurship Theory and Practice, 2010, 34 (4): 681-703.

[38] Dimaggio P J, Powell W W. The iron cage revisited: institutional isomorphism and collective rationality in organizational field [J]. American Sociological Review, 1983, 48 (8): 147-160.

[39] Dolan C, Scott L. Lipstick evangelism: Avon trading circles and gender empowerment in South Africa [J]. Gender & Development, 2009, 17 (2): 203-218.

[40] Dollinger M J, Li X L, Mooney C H. Extending the Resource-Based View to the Mega-event: Entrepreneurial Rents and Innovation [J]. Management and Organization Review, 2009, 6 (2): 195-218.

[41] Economist. The charms of frugal innovation [R]. SpecialReport on Innovation in Emerging Markets: First Break All the Rules, 2010.

[42] Eisenhardt K M. Building Theories from Case Study Research [J]. Academy of Management Review, 1989, 14 (4): 532-550.

[43] Eisenhardt K M, Graebner M E. Theory Building from Cases: Opportunities and Challenges [J]. Academy of Management Journal, 2007 (50): 25-32.

[44] Eisenhardt K M, Martin J A. Dynamic capabilities: what are they? [J]. Strategic Management Journal, 2000, 21 (10/11): 1105-1122.

[45] Ferneley E, Bell F. Using bricolage to integrate business and information technology innovation in SMEs [J]. Technovation, 2006, 26 (2): 232-241.

[46] Fiol C M. Revisiting an identity-based view of sustainable competitive advantage [J]. Journal of Management, 2001, 27 (6): 691-699.

[47] Foss N J, Lyngsie J, Zahra S A. The role of external knowledge sources and organizational design in the process of opportunity exploitation [J]. Strategic

Management Journal, 2013, 34 (12): 1453 – 1471.

[48] Foss N J. Knowledge – based approaches to the theory of the firm: Some critical comments [J]. Organization Science, 1996a, 7 (5): 470 – 476.

[49] Foss N J. More critical comments on knowledge – based theories of the firm [J]. Organization Science, 1996b, 7 (5): 519 – 523.

[50] Foss N J, Klein P G, Kor Y Y, et al. Entrepreneurship, subjectivism, and the resource – based view: Toward a new synthesis [J]. Strategic Entrepreneurship Journal, 2008, 2 (1): 73 – 94.

[51] Foss N J, Knudsen T. The resource – based tangle: Towards a sustainable explanation of competitive advantage [J]. Managerial and Decision Economics, 2003, 24 (4): 291 – 307.

[52] Frohlich M T, Westbook R. Arcs of Integration: An International Study of Supply Chain Strategies [J]. Journal of Operations Management, 2001, 19 (2): 85 – 200.

[53] Gartner W B. "Who is an entrepreneur?" is the wrong question [J]. American Journal of Small Business, 1988, 13 (4): 47 – 68.

[54] Garud R, Karnøe P. Bricolage versus breakthrough: distributed and embedded agency in technology entrepreneurship [J]. Research Policy, 2003, 32 (2): 277 – 300.

[55] Ge G, Ding D. A strategic analysis of surging Chinese manufacturers: The case of Galanz [J]. Asia Pacific Journal of Management, 2008, 25 (4): 667 – 683.

[56] Geoffrey D, Sandip B. Optimization or bricolage? Overcoming resource constraints in global social entrepreneurship [J]. Strategic Entrepreneurship Journal, 2013, 7 (1): 26 – 49.

[57] George G, Mcgahan A M, Prabhu J. Innovation for inclusive growth: Towards a theoretical framework and a research agenda [J]. Journal of Management Studies, 2012, 49 (4): 661 – 683.

[58] Gibbert M. Generalizing about uniqueness: An essay on an apparent paradox in the resource – based view [J]. Journal of Management Inquiry, 2006a, 15 (2): 124 – 134.

[59] Gibbert M. Munchausen, black swans, and the RBV: Response to Levi-

tas and Ndofor [J]. Journal of Management Inquiry, 2006b, 15 (2): 145-151.

[60] Gielnik M, Krämer A, Kappel B, et al. Antecedents of business opportunity identification and innovation: Investigating the interplay of information processing and information acquisition [J]. Applied Psychology: An International Review, 2014, 63 (2): 344-381.

[61] Glaser B G, Strauss A. The discovery of grounded theory: strategies for qualitative research [M]. Chicago: Aldine. 1967.

[62] Glaser B G. Theoreticalsensitivity [M]. Mill Valley, CA: Sociology Press. 1978.

[63] Glaser B G. Basics of grounded theory analysis [M]. Mill Valley, CA: Sociology Press. 1992.

[64] Glaser B G. The grounded theory perspective: conceptualization contrasted withdescription [M]. Mill Valley, CA: Sociology Press. 2001.

[65] Greenwood R C, Oliver K, Sahlin-Andersson R, et al. Handbook of organizational institutionalism [M]. Thousand Oaks: Sage, 2008.

[66] Griliches Z. Issues in assessing the contribution of research and development to productivity growth [J]. Bell Journal of Economics, 1979, 70 (1): 92-116.

[67] Grant R M. The resource-based theory of competitive advantage: implications for strategy formulation [J]. California management review, 1991, 33 (3): 114-135.

[68] Gundry L K, Kickul J R, Griffiths M D, et al. Entrepreneurial bricolage and innovation ecology: Precursors to social innovation? [J]. Frontiers of Entrepreneurship Research, 2011, 31 (19): 659-673.

[69] Guo H, Su Z F, Ahlstrom D. Business model innovation: The effects of exploratory orientation, opportunity recognition, and entrepreneurial bricolage in an emerging economy [J]. Asia Pacific Journal of Management, 2016, 33 (2): 533-549.

[70] Hahn R. The ethical rational of business for the poor: Integrating the concepts bottom of the pyramid, sustainable development, and corporate citizenship [J]. Journal of Business Ethics, 2009, 84 (3), 313-324.

[71] Halme M, Lindeman S, Linna P. Innovation for inclusive business: In-

trapreneurial bricolage in multinational corporations [J]. Journal of Management Studies, 2012, 49 (4): 743 - 784.

[72] Hamacher S. Exploring the Frugal Innovation Process [D]. Copenhagen: Copenhagen Business School, 2014.

[73] Hamel G. Leading the revolution [M]. Boston: Harvard Business School Press, 2000.

[74] Hang C C, Chen J, Subramian A M. Developing Disruptive Products for Emerging Economies: Lessons from Asian Cases [J]. Research - Technology Management, 2010, 53 (4): 21 - 26.

[75] Hart S L. Innovation, creative destruction and sustainability [J]. Research Technology Management, 2005, 48 (5): 21 - 27.

[76] Hart S, Christensen C M. The great leap: Driving innovation from the base of the pyramid [J]. MIT Sloan Management Review, 2002, 44 (1): 51 - 56.

[77] Hart S L, Milstein M B. Creating sustainable value: Executive commentary [J]. The Academy of Management Executive, 2003, 17 (2): 56 - 67.

[78] Heeks R. ICT4D 2.0: The next phase of applying ICT for international development [J]. Computer, 2008, 41 (6): 26 - 33.

[79] Helfat, C. E., Finkelstein, S., Mitchell, W., et al. Dynamic capabilities: Understanding strategic change in organizations [J]. London: Blackwell, 2007.

[80] Hossain M. Adopting open innovation to stimulate frugal innovation and reverse innovation [J/OL]. [2013 - 1 - 8]. https://ssrn.com/abstract = 2197782.

[81] Hossain M, Simula H, Halme M. Can frugal go global? Diffusion patterns of frugal innovations [J]. Technology in Society, 2016 (46): 132 - 139.

[82] Immel T J R, Govidarajan V, Trimble C. How GE is disrupting itself [J]. Harvard Business Review, 2009, 87 (10): 56 - 65.

[83] Jarkko L, Mokter H, Tatu L, et al. Implications of frugal innovations on sustainable development: evaluating water and energy innovations [J]. Sustainability, 2016, 8 (4): 1 - 17.

[84] Jensen M, Johnson B, Lorenz E, et al. Forms of knowledge and modes of innovation [J]. Research Policy, 2007 (36): 680 - 693.

[85] Julienne S, Ted B, Steffens P, et al. Bricolage as a path to innovativeness for resource-constrained new firms [J]. Journal of Product Innovation Management, 2013, 31 (2): 211-230.

[86] Karnani A. Misfortune at the bottom of the pyramid [J]. Greener Management Journal, 2007 (51): 99-110.

[87] Karnani A. Romanticizing the poor harms the poor. Journal of International Development, 2009, 21 (1): 76-86.

[88] Karolina S M. Resource-based view in strategic management of public organizations-a review of the literature [J]. Management, 2014, 18 (2): 19-30.

[89] Kellermanns F, Walter J, Crook T R, et al. The Resource-Based View in Entrepreneurship: A Content-Analytical Comparison of Researchers' and Entrepreneurs' Views [J]. Journal of Small Business Management, 2016, 54 (1): 26-48.

[90] Kim L, Lim Y. Environment generic strategies and performance in rapidly developing country: A taxonomic [J]. Academy of Management Journal, 1988, 31 (4): 802-827.

[91] Kontinen T, Ojala A. Network ties in the international opportunity recognition of family SMEs [J]. International Business Review, 2011, 20 (4): 440-53.

[92] Kraaijenbrink J, Spender J C, Groen A J. The resource-based view: a review and assessment of its critiques [J]. Journal of management, 2010, 36 (1): 349-372.

[93] Kumar V, Venkatesan R. Who are the multi-channel shoppers and how do they perform: Correlates of multi-channel shopping behavior [J]. Journal of Interactive Marketing, 2005, 19 (2): 44-62.

[94] Kuriyan R, Ray I, Kammen D. How to use technology to spur development [J]. Issues in Science & Technology, 2008, 24 (2): 70-74.

[95] Lakshman C. Corporate social responsibility through knowledge leadership in India: ITC Ltd and Y. C. Deveshwar [J]. Asian Business & Management, 2009 (8): 185-203.

[96] Lavie D. The competitive advantage of interconnected firms: An exten-

sion of the resource – based view [J]. Academy of Management Review, 2006, 31 (3): 638 – 658.

[97] Leadbeater C. The frugal innovator: creating change on a shoestring budget [M]. Palgrave Macmillan, 2014.

[98] Lévi – Strauss C. The Savage Mind [M]. Chicago: University of Chicago Press, 1968: 17 – 18.

[99] Li H Y, Atuahene – Gima K. Product Innovation Strategy and the Performance of New Technology Ventures in China [J]. Academy of Management Journal, 2001, 44 (6): 1123 – 1134.

[100] Lockett A, Thompson S, Morgenstern U. The development of the resource – based view of the firm: A critical appraisal [J]. International Journal of Management Reviews, 2009, 11 (1): 9 – 28.

[101] London T. Making better investments at the base of the pyramid [J]. Harvard Business Review, 2009, 87 (5): 106 – 113.

[102] London T, Hart S L. Reinventing strategies for emerging markets: beyond the transnational mode [J]. Journal of International Business Studies, 2004, 35 (5): 350 – 360.

[103] Luo Y. Dynamic capabilities in international expansion [J]. Journal of World Business. 2000, 35 (4): 355 – 378.

[104] Magretta J. Why Business Models Matter [J]. Harvard Business Review, 2002 (5): 86 – 92.

[105] Mahoney J T. and Pandian, R. The Resource – Based View Within the Conversation of Strategic Management [J], Strategic Management Journal, 1992, 13 (5): 363 – 380.

[106] Makadok R Towards a synthesis of resource – based and dynamic capability views of rent creation [J]. Strategic Management Journal, 2001, 22 (5): 387 – 402.

[107] Mario Davide Parrilli, Aitziber Elola. The strength of science and technology drivers for SME innovation [J]. Small Business Economics, 2012, 39 (4): 897 – 907.

[108] Mario P, Soumodip S. Crafting sustainable development solutions: frugal innovations of grassroots entrepreneurs [J]. Sustainability, 2016, 8 (51):

1 – 25.

[109] Matouschek N, Ramezzana P. The role of exclusive contracts in facilitating market transactions [J]. The Journal of Industrial Economics, 2007, 55 (2): 347 – 371.

[110] Mayer K E, Peng M W. Probing theoretically into central and eastern Europe: Transactions, resources and institutions [J]. Journal of International Business Studies, 2005, 36 (6): 600 – 621.

[111] Miles R E, Snow C C, Meyer A D, Henry J C JR. Organizational Strategy, Structure, and Process [J]. Academy of Management Review, 1978, 3 (3): 546 – 562.

[112] Miller D. An asymmetry – based view of advantage: Towards an attainable sustainability [J]. Strategic Management Journal, 2003, 24 (10): 961 – 976.

[113] Miner A S, Bassoff P, Moorman C. Organizational improvisation and learning: A field study [J]. Administrative Science Quarterly, 2001, 46 (2): 304 – 337.

[114] Mitchell D, Coles C. The ultimate competitive advantage of continuing business model innovation [J]. The Journal of Business Strategy, 2003, 24 (5): 15 – 21.

[115] North D. Institutions, institutional change and economic performance [M]. New York: Cambridge University Press, 1990.

[116] Oliver A, Evila P, Cristina R. Citius, altius, forties? Community – enabled bricolage and the growth of entrepreneurial ventures [C]. Denmark: DRUID, Copenhagen, 2012.

[117] Ouden E D. Innovation Design: Creating Value for People, Organizations and Society [M]. London: Springer Ebooks, 2012.

[118] Pare G. Investigating information systems with positivist case study research [J]. Communications of the Association for Information Systems, 2004 (13): 233 – 264.

[119] Penrose E T. The theory of the growth of the firm [M]. New York: John Wiley and Sons, Inc., 1959.

[120] Pfeffer J, Salancik G R. The External Control of Organizations: A Resource Dependence Perspective [M]. New York: Harper and Row, 1978.

[121] Pine II B J, Victor B, Boynton A C. Making mass custonmization work [J]. Harvard Business Review, 1993, 71 (5): 108-118.

[122] Prahalad C K, Hamel G. The core competence of the corporation [J]. Harvard Business Review, 1990, 68 (3): 79-91.

[123] Prahalad C K, & Hammond A L. Serving the world's poor, profitably [J]. Harvard Business Review, 2002, 80 (9): 48-57.

[124] Prahalad C, Mashelkar R. Innovation's holy grail [J]. Harvard Business Review, 2010, 88 (8): 132-141.

[125] Prahalad C K, Hart S. Strategies for the bottom of the pyramid: Creating sustainable development (Working paper). Ann Arbor: University of Michigan. Retrieved from http: //www. bus. tu. ac. th/usr/wai/xm622/conclude%620monsanto/strategies. pdf.

[126] Prahalad C K, Hart S L. The fortune at the bottom of the pyramid [J]. Strategy + Business, 2002 (20): 1-13.

[127] Preeta M B, Benjamin C A. Inventor bricolage and firm technology research and development [J]. R&D Management, 2009, 29 (5): 473-487.

[128] Priem R L, Butler J E. Is the resource-based "view" a useful perspective for strategic management research? [J]. Academy of Management Review, 2001a, 26 (1): 22-40.

[129] Priem R L, Butler J E. Tautology in the resource-based view and the implications of externally determined resource value: Further comments [J]. Academy of Management Review, 2001b, 26 (1): 57-66.

[130] Pringle C D, Kroll M J. Why Trafalgar was won before it was fought: Lessons from resource-based theory [J]. Academy of Management Executive, 1997, 11 (4): 73-89.

[131] Prahalad C K, Lieberthal K. The end of corporate imperialism. Harvard Business Review, 1998, 76 (4): 68-79.

[132] Radjou N, Prabhu J, Ahuja S. Frugal innovation: Lessons from Carlos Ghosn, CEO, Renault-Nissan [J]. Harvard Business Review, 2012, 7 (2): 1-4.

[134] Radjou N, Prabhu J. Frugal innovation: a new business paradigm [J]. Insead Knowledge, 2013 (1): 1-3.

[135] Radjou N, Prabhu J. Frugal Innovation: How to Do More with Less [M]. London: The Economist in Association with Profile Books Ltd. and Public Affairs, 2014.

[136] Ramamurti R. Competing with Emerging Market Multinationals [J]. Business Horizons, 2012, 55 (3): 241 – 249.

[137] Rao B C. How disruptive is frugal? [J]. Technology in Society, 2013, 35 (1): 65 – 73.

[138] Ravishankar M N, Gurca A. A Bricolage perspective on technological innovation in emerging markets [J]. IEEE Transactions on Engineering Management, 2016, 63 (1): 53 – 66.

[139] Rivera – Santos M, Rufín C, Kolk A. Bridging the institutional divide: Partnerships in subsistence markets [J]. Journal of Business Research, 2012, 65 (12): 1721 – 1727.

[140] Robson P J, Akuetteh C K, Westhead P. Innovative opportunity pursuit, human capital and business ownership experience in an emerging region: Evidence from Ghana [J]. Small Business Economics, 2012, 39 (3): 603 – 625.

[141] Romer P. The origins of endogenous growth [J]. Journal of Economic Perspectives, 1994, 8 (1): 3 – 22.

[142] Rosenzweig E D, Roth A V, Dean J W. The Influence of an Integration Strategy on Competitive Capabilities and Business Performance: An Exploratory Study of Consumer Products Manufacturers [J]. Journal of Operations Management, 2003, 21 (4): 437 – 456.

[143] Ruef M, Aldrich H E, Carter N M. The structure of founding teams: homophily, strong ties, and isolation among US entrepreneurs [J]. American Sociological Review, 2003, 68 (2): 195 – 222.

[144] Salunke S, Weerawardena J, Mccollkennedy R J. Competing through service innovation: The role of bricolage and entrepreneurship in project – oriented firms [J]. Journal of Business Research, 2013, 66 (8): 1085 – 1097.

[145] Schwittay A. Taking Prahalad high – tech: The emergence and evolution of global corporate citizenship in the IT industry [J]. The Journal of Corporate Citizenship, 2009 (33): 97 – 107.

[146] Scott W. Institutions and organizations [M]. Thousand Oaks:

Sage, 1995.

[147] Senyard J, Baker T, Paul S. Entrepreneurial bricolage and firm performance: moderating effects of firm change and innovativeness [C]. Montreal: 2010 Annual Meeting of the Academy of Management, 2010.

[148] Senyard J, Baker T, Steffens P. Entrepreneurial bricolage: Towards systematic empirical testing [C]. Frontiers of Entrepreneurship Research, 2009, 209-222. Conference, Babson Park, MA, 2009.

[149] Senyard J, Baker T, Steffens P. Bricolage as a path to innovativeness for resource-constrained new firms [J]. Journal of Product Innovation Management, 2014, 31 (2): 211-230.

[150] Sharma A, Mehrotra A. Choosing an optimal channel mix in multi-channel environments [J]. Industrial Marketing Management, 2007, 36 (7): 21-28.

[151] Shavelson, Richard, Towne, Lisa. Scientific research in education [M]. Washington, DC: National Academy Press. 2002.

[152] Sherer P D, Lee K. Institutional change in large law firms: a resource dependency and institutional perspective [J]. Academy of Management Journal, 2002, 45 (1): 102-119.

[153] Simanis E, Hart S L. Innovation from the inside out [J]. MIT Sloan Management Review, 2009, 50 (4): 77-86.

[154] Soni P. The Nature of Frugal Innovations—A Conceptual Framework. IIM World Management Conference Goa. Retrieved from http://researchgate.net/publication/255964659. 2013.

[155] Spender J C. The RBV, methodological individualism, and managerial cognition: Practicing entrepreneurship. Paper presented at the annual meeting of the Academy of Management, Atlanta, GA. 2006.

[156] Strauss A, Corbin J. Basics of qualitative research: grounded theory procedures and techniques [M]. Newbury Park, CA: Sage. 1990.

[157] Strauss A, Corbin J. Grounded theory in practice [M]. Thousand Oaks, CA: Sage. 1997.

[158] Sundbo J, Gallouj F. Innovation as a loosely coupled system in services. Springer US, 2000, 1 (1): 15-36.

[159] Teece D J. Capturing Value From Knowledge Assets: The New Economy, Markets for Know - How and Intangible Assets [J]. California Management Review, 1998, 40 (3): 55 - 79

[160] Teece D J, Pisano G. The dynamic capabilities of firms: An introduction [J]. Industrial and Corporate Change, 1994, 3 (3): 537 - 556.

[161] Teece D J, Pisano G, Shuen A. Dynamic Capabilities and Strategic Management [J]. Strategic Management Journal, 1997, 18 (7): 509 - 533

[162] Teece D J. Explicating dynamic capabilities: The nature and microfoundatings of (sustainbale) enterprise performance [J]. Strategic Management Journal, 2007, 28 (13): 1319 - 1350.

[163] Teece, D J. Business models, business strategy and innovation [J]. Long Range Planning, 2010, 43 (2/3): 172 - 194.

[164] Tiwari R, Herstatt C. Frugal Innovation for the 'Unserved' Customer: An Assessment of India's Attractiveness as a Lead Market for Cost - effective products [J]. Journal of Indian Business Research, 2012, 4 (2): 97 - 115.

[165] Tiwari R, Herstatt C. Open Global Innovation Networks as Enablers of Frugal Innovation: Propositions Based on Evidence from India [R]. Hamburg: Hamburg University of Technology, 2012b.

[166] Van den Waeyenberg S., Hens L. Crossing the bridge to poverty, with low cost cars [J]. Journal of Consumer Marketing, 2008, 25 (7): 439 - 445.

[167] Vermeulen F, Barkema H. Learning through Acquisitions [J]. Academy of Management Journal, 2001, 44 (3): 457 - 476.

[168] Wade M, Hulland J. Review: The Resource - Based View And Information Systems Research: Review, Extension, and Suggestions for Future Research [J]. MIS Quarterly, 2004, 28 (1): 107 - 142.

[169] Wang C, Ahmed P. Dynamic capabilities: a review and research agenda [J]. International Journal of Management Reviews, 2007 (9): 31 - 51.

[170] Wernerfelt B. A resource - based view of the firm [J]. Strategic Management Journal, 1984, 5 (2): 171 - 180.

[171] Whitney, P., & Kelkar, A. Designing for the base of the pyramid [J]. Design Management Review, 2004, 15 (4): 41 - 47.

[172] Wiengarten F., Humphreys P., Cao G. G, McHugh M. Exploring the

Important Role of Organizational Factors in IT Business Value: Taking a Contingency Perspective on the Resource - Based View [J]. International Journal of Management Reviews, 2013, 15 (1): 30 - 46.

[173] Winter, S. G. Understanding dynamiccapabilities [J]. Strategic Management Journal, 2003 (24): 991 - 995.

[174] Wright, M., Filatotchev, L., Hoskisson, R. E., Peng, M. W. Strategy research in emerging economics: Challenging the conventional wisdom [J]. Journal of Management Studies, 2005 (42): 1 - 33.

[175] Ye G. L., Richard L., Abdullah A. Achieving demand - side synergy from strategic diversification: How combining mundane assets can leverage consumer utilities [J]. Organization Science, 2012, 23 (1): 207 - 224.

[176] Yin. Robert K. The Case Study Crisis: Some Answers [J]. Administrative Science Quarterly. 1981, 26 (1): 58 - 65.

[177] Yin, R. K. Case Study Research: Design and Methods (4th) [M], Sage: London, UK. 2002.

[178] Yin R. K. Case Study Research: Design and Methods [M]. CA: Sage Publications Inc, 2003.

[179] Yin. Robert K. The case study anthology [M]. Thousand Oaks, CA: Sage. 2004.

[180] Yin R. K. Case Study Research: Design and Methods [J]. CA: Sage Publications Inc. 2008.

[181] Zahra, S. A., Sapienaz, H. J., Davidsson, P. Entrepreneurship and dynamic capabilities: A review, model and research agenda [J]. Journal of Management Studies, 2006 (43): 917 - 955.

[182] Zala, L. N., & Patel, N. R. The rural information center: A gateway for sustainable development [J]. SRELS Journal of Information Management, 2009, 46 (2): 179 - 188.

[183] Zollo, M. Winter, S. G. Deliberate learning and the evolution of dynamic capabilities [J]. Organization Science, 2002, 13 (3): 339 - 351.

[184] Zott. C. Dynamic capabilities and the emergence of intraindustry differential firm performance: Insights from a simulation study [J]. Strategic Management Journal, 2003, 24 (2): 97 - 125.

[185] Zott C. and Amit R. Business model design and the performance of entrepreneurial firms [J]. Organization Science, 2007, 18 (2): 181-199.

[186] Zott C. and Amit R. Designing your future business model: An activity system perspective [J]. Long Range Planning, 2010, 43 (2/3): 216-226.

[187] 艾奇. 绍兴全城旅游营销"泛长三角"大行动 [J]. 长三角, 2009 (4): 38-40.

[188] 巴永青. 全域旅游时代东营市工业旅游发展探析 [J]. 中国石油大学胜利学院学报, 2017, 31 (2): 76-80.

[189] 陈劲, 王锟. 朴素式创新: 正在崛起的创新范式 [J]. 技术经济, 2014, 33 (1): 1-6, 117.

[190] 陈蕊. 国家研发投入、企业研发能力与创新绩效相关性研究 [J]. 财会通讯, 2017 (6): 47-50.

[191] 陈晓萍, 徐淑英, 樊景立. 组织与管理研究的实证方法 [M]. 北京: 北京大学出版社, 2012.

[192] 方世建, 黄明辉. 创业新组拼理论溯源、主要内容探析与未来研究展望 [J]. 外国经济与管理, 2013 (10): 2-12.

[193] 丰晓旭, 夏杰长. 中国全域旅游发展水平评价及其空间特征 [J]. 经济地理, 2018, 38 (4): 183-192.

[194] 邱晓燕, 张赤东. 企业创新动力: 概念、模式及分析框架 [J]. 科技管理研究, 2017 (17): 16-22.

[195] 杜靖. 论企业技术创新驱动力的"三环模式" [J]. 企业经济, 2012 (4): 51-54.

[196] [美] 菲利普·科特勒, 南希·李. 企业的社会责任 [M]. 姜文波, 等, 译. 北京: 机械工业出版社, 2011.

[197] 高山行, 蔡新蕾, 江旭. 正式与非正式制度支持对原始性创新的影响——不同所有制类型企业比较研究 [J]. 科学学与科学技术管理, 2013, 34 (2): 42-52.

[198] 高展军, 王龙伟. 联盟契约对知识整合的影响研究——基于公平感知的分析 [J]. 科学学与科学技术管理, 2013, 34 (7): 95-103.

[199] 葛宝山, 谭凌峰, 生帆, 马鸿佳. 创新文化、双元学习与动态能力关系研究 [J]. 科学学研究, 2016, 34 (4): 630-640.

[200] 郭海, 王栋, 刘衡. 基于权变视角的管理者社会关系对企业绩效

的影响研究 [J]. 管理学报, 2013, 10 (3): 360-367.

[201] 郭海, 薛佳奇. 领导权变更、创业导向及自主创新间关系的实证研究 [J]. 管理学报, 2011, 8 (2): 241-248.

[202] 郭会斌. 温和改善的实现: 从资源警觉到资源环境建构——基于四家"中华老字号"的经验研究 [J]. 管理世界, 2016 (6): 133-147.

[203] 郭萍. 互联网行业破坏性创新研究 [D]. 合肥: 中国科学技术大学, 2016.

[204] 贺小刚, 李新春, 方海鹰. 动态能力的测量与功效: 基于中国经验的实证研究 [J]. 管理世界, 2006 (3): 94-103, 113.

[205] 胡海燕, 扎旺. 全域旅游视角下拉萨市旅游产品创新性开发研究 [J]. 西藏大学学报, 2017, 32 (2): 130-137.

[206] 黄俊, 王钊, 白硕等. 动态能力的测度: 基于国内汽车行业的实证研究 [J]. 管理评论, 2010, 22 (1): 76-81.

[207] 黄卫伟. 生意模式与实现方式 [J]. 中国人民大学学报, 2003 (4): 77-84.

[208] 胡宗良. 创新动力模型解读我国企业为什么缺失创新 [J]. 经济管理, 2006 (17): 6-10.

[209] 胡广阔、史安玲. 产业集群发展的驱动力模型探讨 [J]. 商业时代, 2010 (11): 119-120.

[210] 贾旭东, 衡量. 基于"扎根精神"的中国本土管理理论构建范式初探 [J]. 管理学报, 2016, 13 (3): 336-346.

[211] 江诗松, 龚丽敏, 魏江. 转型经济背景下后发企业的能力追赶: 一个共演模型——以吉利集团为例 [J]. 管理世界, 2011 (4): 122-137.

[212] 焦豪, 魏江, 崔瑜. 企业动态能力构建路径分析: 基于创业导向和组织学习导向 [J]. 管理世界, 2008 (4): 91-106.

[213] 焦彦, 徐虹. 全域旅游: 旅游行业创新的基准思维 [J]. 旅游学刊, 2016, 31 (12): 11-13.

[214] 卡麦兹·凯. 建构扎根理论: 质性研究实践指南 [M], 重庆: 重庆大学出版社, 2009.

[215] 蓝海林, 汪秀琼, 吴小节, 宋铁波. 基于制度基础观的市场进入模式影响因素: 理论模型构建与相关研究命题的提出 [J]. 南开管理评论, 2010, 13 (6): 77-90.

[216] 李彬,谷慧敏,高伟. 制度压力如何影响企业社会责任:基于旅游企业的实证研究[J]. 南开管理评论,2011,14(6):67-75.

[217] 李昌玉,孟奇勋,周中林. 低碳经济下新兴市场国家节俭式创新实践及其政策意蕴[J]. 科技进步与对策,2015,32(24):94-99.

[218] 李大元,项保华,陈应龙. 企业动态能力及其功效:环境不确定性的影响[J]. 南开管理评论,2009,12(6):60-68.

[219] 李非,祝振铎. 基于动态能力中介作用的创业拼凑及其功效实证[J]. 管理学报,2014,11(4):562-568.

[220] 李继学,高照军. 信息技术投资与企业绩效的关系研究——制度理论与社会网络视角[J]. 科学学与科学技术管理,2013,34(8):111-119.

[221] 李雪峰,蒋春燕. 战略人力资源管理与企业绩效:不正当竞争与政府支持的调节作用[J]. 管理世界,2011(8):182-183.

[222] 李垣,谢恩,廖貅武. 个人关系,联盟制度化程度与战略联盟控制:针对中国企业联盟实践的分析[J]. 管理科学学报,2006,9(6):73-81.

[223] 李金早. 全域旅游的价值和途径[N]. 人民日报,2016-03-04(7).

[224] 李柏文,曾博伟,陈晓芬. 全域旅游的内涵辨析与理论归因分析[J]. 华东经济管理,2018,32(10):181-184.

[225] 厉新建,张凌云,崔莉. 全域旅游:建设世界一流旅游目的地的理念创新——以北京为例[J]. 人文地理,2013,28(3):130-134.

[226] 刘栋子. 乡村振兴战略的全域旅游:一个分析框架[J]. 改革,2017(12):80-91.

[227] 刘焕庆,吴健. 全域旅游背景下的延边州乡村旅游可持续发展研究[J]. 东疆学刊,2017,34(1):101-105.

[228] 吕俊芳. 城乡统筹视阈下中国全域旅游发展范式研究[J]. 河南科学,2014(1):139-142.

[229] 刘宝. 节俭式创新之路——基于商业模式视角的研究[J]. 中国科技论坛,2017(4):62-68.

[230] 刘衡,李垣,李西垚,肖婷. 关系资本、组织间沟通和创新绩效的关系研究[J]. 科学学研究,2010,28(12):1912-1919.

[231] 罗伯特·K. 殷. 案例研究方法的运用（3Ed）[M]. 周海涛，夏欢欢，译. 重庆：重庆大学出版社，2014.

[232] 吕力. 管理案例研究的信效度分析：以 AMJ 年度最佳论文为例[J]. 科学学与科学技术管理，2014（12）：19-29.

[233] 吕源，徐二明. 制度理论与企业战略研究[J]. 战略管理，2009，1（1）：14-22.

[234] 毛基业，张霞. 案例研究方法的规范性及现状评估——中国企业管理案例论坛（2007）综述[J]. 管理世界，2008（4）：115-121.

[235] 欧阳桃花. 试论工商管理学科的案例研究方法[J]. 南开管理评论，2004，7（2）：100-105.

[236] 潘绵臻、毛基业. 再探案例研究的规范性研究——中国企业管理案例论坛（2008）综述与范文分析[J]. 管理世界，2009（2）：92-100，169.

[237] 潘迪、彭纪生. 非市场战略对创新绩效的影响[J]. 产业经济研究，2013（4）：91-100.

[238] 石培华. 新时代旅游理论创新的路径模式——兼论全域旅游的科学原理与理论体系[J]. 南开管理评论，2018，21（2）：222-224.

[239] 石培华. 全域旅游解读5：全域旅游示范区的评价指标体系初步思考[EB/OL]. http://zgly.xinhuanet.com/2016-02/22/c_128739472.htm，2016-02-22.

[240] 宋渊洋，李元旭. 制度环境多样性、跨地区经营经验与服务企业产品市场绩效——来自中国证券业的经营证据[J]. 南开管理评论，2013，16（1）：70-82.

[241] 田志龙，张泳，Taieb Hafsi. 中国电力行业的演变：基于制度理论的分析[J]. 管理世界，2002（12）：69-76.

[242] 仝允桓，陈晓鹏. 企业面向低收入群体的可持续创新[J]. 中国人口资源与环境，2010，20（6）：125-130.

[243] 仝允桓，邵希，陈晓鹏. 生命周期视角下的金字塔底层创新策略选择：一个多案例研究[J]. 管理工程学报，2011，25（4）：36-43.

[244] 王雪冬，董大海. 国外商业模式表达模型评介与整合表达模型构建[J]. 外国经济与管理，2013，35（4）：49-61.

[245] 王雪冬，冯雪飞，董大海. "价值主张"概念解析与未来展望

[J]. 当代经济管理, 2014, 36 (1): 13-19.

王德刚. 日喀则旅游发展模式研究 [J]. 旅游科学, 2003 (3): 29-32.

[246] 魏江, 邬爱其, 彭雪蓉. 中国战略管理研究：情境问题与理论前沿 [J]. 管理世界, 2014 (12): 167-171.

[247] 吴爱华, 苏敬勤. 专用性视角下创新型文化、创新能力与绩效 [J]. 科研管理, 2014, 35 (6): 47-55.

[248] 吴航. 动态能力的维度划分及对创新绩效的影响——对 Teece 经典定义的思考 [J]. 管理评论, 2016, 28 (3): 76-83.

[249] 武立东, 王凯. 独立董事制度从"规制"到"认知"的变迁——来自主板上市公司的证据 [J]. 管理评论, 2014, 26 (7): 9-19.

[250] 吴小节, 彭韵妍, 汪秀琼. 中国管理本土研究的现状评估与发展建议——以基于制度理论的学术论文为例 [J]. 管理学报, 2016, 13 (10): 1435-1445.

[251] 吴碧英. 城镇贫困：成因、现状与救助 [M]. 北京：中国劳动社会保障出版社, 2004.

[252] 邢小强, 彭瑞梅, 仝允桓. 金字塔底层市场的跨部门合作网络研究述评 [J]. 华东经济管理, 2014, 28 (8): 143-148.

[253] 邢小强, 彭瑞梅, 仝允桓. 金字塔底层市场的共享价值创造研究 [J]. 中国地质大学学报（社会科学版）, 2015, 15 (3): 114-122.

[254] 邢小强, 葛沪飞. 节俭式创新的动因、特征与策略研究 [J]. 科技进步与对策, 2015, 32 (12): 14-18.

[255] 邢小强, 仝允桓, 陈晓鹏. 金字塔底层市场的商业模式：一个多案例研究 [J]. 管理世界. 2011 (10): 108-124.

[256] 邢小强, 周江华, 仝允桓. 面向低收入群体市场的创新研究 [J]. 科学学研究, 2010, 28 (10): 1564-1570.

[257] 邢小强, 周江华, 仝允桓. 面向新兴市场的节俭式创新研究 [J]. 科学学与科学技术管理, 2014 (11): 69-77.

[258] 徐二明, 张晗. 中国上市公司国有股权对技术创新方式的影响 [J]. 经济管理, 2008, 30 (15): 42-46.

[259] 熊彼特. 资本主义、社会主义、民主主义 [M] 纽约：哈伯与敖出版社, 1975.

[260] 许庆瑞, 贾福辉, 谢章澍等. 创新型文化的构建要素研究 [J]. 科

学学研究, 2004 (4): 426-431.

[261] 杨京京, 蓝海林, 何爱. 实物期权视角下政治关联与民营企业的成长价值 [J]. 管理学报, 2012, 9 (9): 1292-1297.

[262] 杨振之. 全域旅游的内涵及其发展阶段 [J]. 旅游学刊, 2016, 31 (12): 1-3.

[263] 易朝辉. 资源整合能力、创业导向与创业绩效的关系研究 [J]. 科学学研究, 2010 (5): 757-762.

[264] 叶强生, 武亚军. 转型经济中的企业环境战略动机: 中国实证研究 [J]. 南开管理评论, 2010, 13 (3): 53-59.

[265] 应瑛, 刘洋. 后发企业如何进行节约型创新? [J]. 科学学研究, 2015 (12): 1867-1882.

[266] 袁光华, 付磊. 绩效考核和激励制度对员工努力的影响 [J]. 经济与管理研究, 2011 (2): 88-93.

[267] 于晓宇, 李雅洁, 陶向明. 创业拼凑研究综述与未来展望 [J]. 管理学报, 2017, 14 (2): 306-316.

[268] 张建琦, 吴亮, 赵兴庐. 企业拼凑模式选择对创新结果的影响——基于领域双元的研究视角 [J]. 科技进步与对策, 2015 (11): 61-66.

[269] 张军, 阮鸿鹏, 许庆瑞. 节俭式创新: 面向新兴市场的创新新范式 [J]. 科学学与科学技术管理, 2017, 38 (3): 30-43.

[270] 张红娟, 谭劲松. 传统制造业集群协同演进机制探析——天津自行车集群纵向案例研究 [J]. 科学学与科学技术管理, 2011, 32 (4): 116-126.

[271] 张学勇, 柳依依, 罗丹, 陈锐. 创新能力对上市公司并购业绩的影响 [J]. 金融研究, 2017 (3): 159-175.

[272] 张玉利, 杜国臣. 创业的合法性悖论 [J]. 中国软科学, 2007 (10): 47-58.

[273] 张辉, 岳燕祥. 全域旅游的理性思考 [J]. 旅游学刊, 2016, 31 (9): 15-17.

[274] 赵蓓, 兰福音, 刘雪锋, 焦豪. 商业模式设计对节俭式创新的影响机制研究 [J]. 厦门大学学报 (哲学社会科学版), 2018 (2): 72-82.

[275] 赵传松, 任建兰, 陈延斌, 等. 全域旅游背景下中国省域旅游产业与区域发展时空耦合及驱动力 [J]. 中国人口·资源与环境, 2018, 28 (3): 149-159.

[276] 赵晶. 企业社会资本与面向低收入群体的资源开发型商业模式创新 [J]. 中国软科学, 2010 (4): 116-123.

[278] 赵晶, 关鑫, 仝允桓. 面向低收入群体的商业模式创新 [J]. 中国工业经济. 2007 (10): 5-12.

[279] 赵文红, 陈丽. 基于社会网络的创业机会、动机与创业精神的关系研究 [J]. 科技进步与对策, 2007, 24 (8): 39-42.

[280] 赵兴庐, 张建琦, 刘衡. 能力建构视角下资源拼凑对新创企业绩效的影响过程研究 [J]. 管理学报, 2016, 13 (10): 1518-1524.

[281] 曾博伟, 李柏文. 以供给侧结构性改革为指引推动全域旅游发展 [J]. 红旗文稿, 2017 (17): 20-22.

[282] 郑伯埙, 黄敏萍. 实地研究中的案例研究 [M]. 陈晓萍, 徐淑英, 樊景立. 组织与管理研究的实证方法, 北京: 北京大学出版社, 2008.

[283] 郑刚, 颜宏亮, 王斌. 动态能力的构成维度及特征研究 [J]. 科技进步与对策, 2007 (3): 90-93.

[284] 郑治伟, 王崇文. "全域旅游"视阙下的京津冀旅游公共服务发展研究 [J]. 改革与战略, 2017 (1): 109-112.

[285] 周江华, 仝允桓, 李纪珍. 企业面向低收入群体的创新模式研究 [J]. 经济与管理研究, 2010, 10: 12-17.

[286] 祝振铎. 创业导向、创业拼凑与新企业绩效: 一个调节效应模型的实证研究 [J]. 管理评论, 2015, 27 (11): 57-65.